NCS

대한적십자사

직업기초능력평가

NCS 대한적십자사
직업기초능력평가

초판 인쇄   2020년 1월 6일
2판 발행   2022년 1월 26일

편 저 자 | 취업적성연구소
발 행 처 | ㈜서원각
등록번호 | 1999-1A-107호
주   소 | 경기도 고양시 일산서구 덕산로 88-45(가좌동)
교재주문 | 031-923-2051
팩   스 | 031-923-3815
교재문의 | 카카오톡 플러스 친구[서원각]
영상문의 | 070-4233-2505
홈페이지 | www.goseowon.com
책임편집 | 김수진
디 자 인 | 이규희

PREFACE

우리나라 기업들은 1960년대 이후 현재까지 비약적인 발전을 이루었다. 이렇게 급속한 성장을 이룰 수 있었던 배경에는 우리나라 국민들의 근면성 및 도전정신이 있었다. 그러나 빠르게 변화하는 세계 경제의 환경에 적응하기 위해서는 근면성과 도전정신 이외에 또 다른 성장 요인이 필요하다.

한국기업들이 지속가능한 성장을 하기 위해서는 혁신적인 제품 및 서비스 개발, 선도 기술을 위한 R&D, 새로운 비즈니스 모델 개발, 효율적인 기업의 합병·인수, 신사업 진출 및 새로운 시장 개발 등 다양한 대안을 구축해 볼 수 있다. 하지만, 이러한 대안들 역시 훌륭한 인적자원을 바탕으로 할 때에 가능하다. 최근으로 올수록 기업체들은 자신의 기업에 적합한 인재를 선발하기 위해 기존의 학벌 위주의 채용을 탈피하고 기업 고유의 채용 제도를 도입하고 있는 추세이다.

대한적십자사에서도 업무에 필요한 역량 및 책임감과 적응력 등을 구비한 인재를 선발하기 위하여 고유의 필기시험을 치르고 있다. 본서는 대한적십자사 채용대비를 위한 필독서로 대한적십자사 필기시험의 출제경향을 철저히 분석하여 응시자들이 보다 쉽게 시험유형을 파악하고 효율적으로 대비할 수 있도록 구성하였다.

신념을 가지고 도전하는 사람은 반드시 그 꿈을 이룰 수 있습니다. 처음에 품은 신념과 열정이 취업 성공의 그 날까지 빛바래지 않도록 서원각이 수험생 여러분을 응원합니다.

STRUCTURE

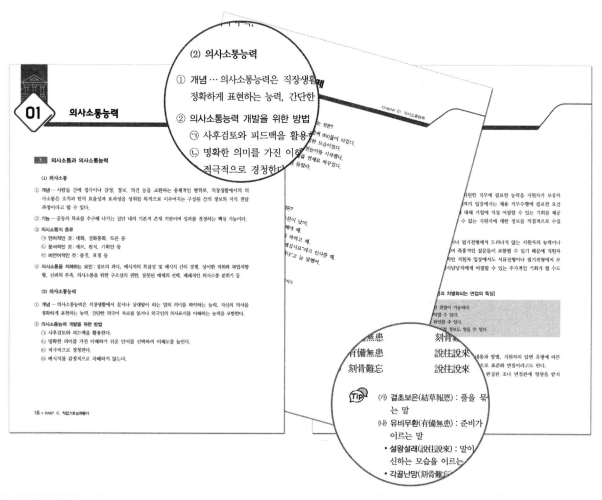

핵심이론정리
NCS기반 직업기초능력평가에 대해 핵심적으로 알아야할 이론을 체계적으로 정리하여 단기간에 학습할 수 있도록 하였습니다.

출제예상문제
다양한 유형의 출제예상문제를 다수 수록하여 실전에 완벽하게 대비할 수 있습니다.

면접
취업 성공을 위한 면접기출을 수록하여 취업의 마무리까지 깔끔하게 책임집니다.

CONTENTS

PART **I** **기업소개 및 채용안내**

01 대한적십자사 소개 ·· 8

02 채용안내 ··· 13

PART **II** **직업기초능력평가**

01 의사소통능력 ··· 18

출제예상문제 / 28

02 수리능력 ··· 55

출제예상문제 / 65

03 문제해결능력 ··· 82

출제예상문제 / 88

04 자원관리능력 ··· 107

출제예상문제 / 113

05 정보능력 ··· 140

출제예상문제 / 146

PART **III** **면접**

01 면접의 기본 ·· 168

02 면접기출 ··· 184

PART I

기업소개 및 채용안내

01 대한적십자사 소개
02 채용안내

01 대한적십자사 소개

(1) 대한적십자사의 탄생과 역사

① "자주국가로서 주권을 지키기 위해 탄생한 대한적십자사"

고통 받는 상병자를 구호하고 대외적으로 대한제국이 독립된 주권 국가임을 알리기 위해 1905년 10월 27일, 고종황제 칙령(제47호)에 의해 대한적십자사가 설립되었다.

② "대한민국임시정부 下, 대한적십자회로 부활"

1905년 11월 을사조약 이후 일본에 의해 폐사된 대한적십자사는 1919년 상해 임시정부 하에서 대한적십자회로 부활, 독립운동자금을 조달하는 등 독립군 활동을 지원하고 동포들을 구제했다.

③ "인도주의를 향한 끝없는 열망"

1950년 6.25 전쟁 당시, 수백 만에 이르는 피난민을 구호하며 전쟁의 상처를 보듬고 1960년 4.19 혁명과 1980년 5.18 민주화운동 시기에는 헌혈로 생명 나눔을 실천했다.

이후 성수대교 붕괴(1994년), 삼풍백화점 붕괴(1995년) 현장에 구호요원 및 봉사원을 파견, 긴급구호 활동을 펼쳤으며 포항 지진(2017년)과 강원도 산불 피해(2019년), 그리고 코로나19 대응(2020년) 현장에서 국민의 생명과 안전을 지키기 위해 최선을 다하고 있다.

(2) 대한적십자사 사업

① 재난구호 사업

ㄱ 재난구호 : 법정 재난관리책임기관, 구호지원기관으로서 갑작스런 재난에 대비해 평상 시 재난예방과 대비 능력을 강화할 수 있도록 하고 있다.

ㄴ 재난안전교육 : '재해구호 전문인력 양성교육', '찾아가는 재난안전교실' 등 체계적이고 양질의 재난안전교육을 통해 안전문화를 확산하고 있다.

ㄷ 재난안전센터 운영 : 구호물류시스템 구축 및 운영을 통한 서울지역 구호활동 역량 강화, 재난대응을 위한 체계적인 구호교육 및 전문봉사원 양성, 평시 위기상황 대응을 위한 안전교육 활성화 및 안전문화 확산을 위한 활동을 한다.

② **복지사업(평시 구호)**

  ㉠ **위기가정 긴급지원** : 복지 사각지대의 위기가정이 긴급한 위기를 벗어날 수 있도록 생계, 주거, 의료, 교육 등을 지원한다.

  ㉡ **맞춤형 지원** : 저소득 가정에 대한 단순 생계지원을 넘어, 사회적 이슈 및 생애주기 별 수요에 따른 이른 둥이 지원, 출산용품과 위생용품 지원, 모국방문 지원 등 맞춤형 지원을 진행한다.

  ㉢ **결연지원** : 정기적인 돌봄이 필요한 이웃을 찾아 적십자 봉사원과의 결연을 통해 안정적인 지원활동을 한다.

  ㉣ **원폭피해자 · 사할린동포 지원** : 1945년 8월 제2차 세계대전 당시 일본 히로시마와 나가사키에 투하된 원자폭탄에 피폭된 후 귀국한 한국인 피해자를 지원하는 '원폭피해자 지원'과 일제강점기에 사할린으로 강제 이주된 우리 동포들을 지원하는 '사할린동포 지원'을 하고 있다.

③ **국제사업**

  ㉠ **국제교류협력** : 국제적십자운동의 구성원으로서 국제적십자사연맹(IFRC), 국제적십자위원회(ICRC), 전세계 192개국 적십자사 · 적신월사 및 제네바협약 체약 당사국들과 협력하여 인도주의 활동을 펼치고 있다.

  ㉡ **해외재난구호** : 지구촌을 위협하는 글로벌 재난으로부터 인간의 생명을 지키기 위해 긴급구호, 재건복구, 재난 예방 · 대비 등 국외 재난 구호활동을 펼치고 있다.

  ㉢ **해외개발혁렵**
  - **물과 위생 사업** : 국제적십자사연맹의 세계 물과 위생사업(Water & Sanitation) 전략에 동참해 저개발 국가에 '식수 · 수도 시설 구축 · 개선', '위생시설 개선', '보건 교육 및 캠페인', '물과 위생 위원회 운영' 등 안전한 식수와 화장실 등 위생시설을 공급하여 질병으로부터 생명을 살리고 있다.
  - **재난위험감소 사업** : 국제적십자사연맹의 전략에 따라 지역사회의 재난위험을 감소하기 위한 '재난대비', '재난 조기경보시스템', '재난위험경감 활동', '지역 재난관리위원회' 활동을 진행한다.

  ㉣ **남북교류** : 남북 간의 교류와 협력, 인도적 지원을 통해 남북관계 개선 및 평화통일, 남북 이산가족의 아픔을 경감하기 위해 '남북적십자 회담', '남북 이산가족 지원', '인도적 지원 사업', '북한이탈주민 지원사업' 등의 활동을 진행한다.

④ **교육 및 연구** ⋯ 국민의 건강과 생명보호라는 가치를 실현하기 위해 안전교육 전문기관으로서 교육프로그램은 운영한다.

  ㉠ **재난복원력센터** : 아태 지역의 재난 위험 경감과 지역사회의 복원력 제고를 위해 국제적십자사연맹이 인증한 '아시아 태평양 재난복원력센터'를 운영하고 있다.

ⓒ 안전지식 교육
- 응급처치교육 : 위급 상황으로부터 자신을 지킬뿐아니라, 적절한 처치와 보호를 제공하여 생명을 구할 수 있도록 '심폐소생술'과 '응급처치' 등 응급처치 방법을 교육한다.
- 수상안전교육 : 국내 최초의 수상안전강사 강습회를 실시했으며, 안전한 수상활동을 지원하기 위해 '인명구조요원', '수상구조사'가 될 수 있도록 교육한다.
ⓒ 인도주의/국제인도법 보급 : 더 많은 사람들이 인도주의에 대해 알고 실천할 수 있도록 '휴머니타리안 북 클럽', '세계 인도주의 날 기념 행사' 등 교육 및 보급활동을 펼치고 있다.

⑤ 인도주의 활동가 양성
ⓐ 봉사원 조직 운영 : 전국 각 지역에서 '적십자 봉사회'를 조직해 적십자 인도주의 활동을 하고 있다.
ⓑ 청소년 조직 운영(RCY) : 미래사회의 주인공인 청소년이 인도주의 정신을 배우고 올바르게 성장할 수 있도록 4대 활동(안전, 봉사, 교류, 이념학습)을 통해 민주시민으로서 역량을 갖출 수 있게 한다.

⑥ 공공의료사업
ⓐ 거점병원 운영 : 적십자병원은 지역거점 공공병원과 재활병원 운영을 통해 필수의료서비스를 강화하고 지역 간 의료격차를 줄이는 지역공공의료 허브 역할을 수행하고 있다.
ⓑ 지역특화 공공의료사업 : 적십자병원은 응급의료취약지, 분만의료취약지와 같이 필수의료서비스 제공이 어려운 지역에서 공공의료사업을 수행하여 건강증진을 위해 노력한다.

지역별 공공의료사업 수행현황	
서울적십자병원	온드림 희망진료센터에서 외국인근로자, 난민들을 위한 의료서비스 제공
인천적십자병원	북한이탈주민 건강검진 및 예방접종사업, 장애인치과 운영
상주적십자병원	재가방문사업 및 노인보건사업, 분만 산부인과 운영
통영적십자병원	의료시설이 열악한 도서지역을 위한 무료 순회진료 진행
거창적십자병원	분만 의료시설이 취약한 지역의 산모를 위한 산부인과 운영
경인의료재활센터병원	어린이재활센터, 장애인 방문 재활사업 수행
영주적십자병원	노인보건사업, 지역 내 필수보건의료 제공·연계 강화를 위한 공공보건의료 협력 체계 구축사업 수행

ⓒ 희망진료센터 운영 : 의료취약계층에게 의료 안전망 기능을 수행한다. 대한적십자사(적십자병원), 사회공헌기업, 상급종합병원 간 상호협력 체계를 구축하여 의료소외계층에 대한 공공의료서비스를 제공한다.(지원 대상 : 다문화가족, 외국인 근로자, 난민, 내국인 의료 취약계층(기초생활수급자, 차상위계층, 사회복지사의 진료비 지원 심사평가표에 근거·부합하는 의료사각지대에 있다고 판단되는 자) 등)

⑦ **혈액사업** … 안전하고 효과적인 혈액을 안정적·효율적으로 공급해 환자의 생명을 살리기 위해 노력한다. 혈액전문기관으로서 채혈·검사·제제·공급 등 헌혈의 모든 과정에서 선진국 수준의 전문적인 시스템을 운영한다.

(3) 국제적십자사 운동

① **정신과 이념** … 1965년 비엔나에서 선포된 적십자운동 기본원칙은 각국 적십자사, 국제적십자위원회, 그리고 국제적십자사연맹을 하나로 결속시키며, 적십자 인도주의 운동을 계속하도록 보장한다.

　㉠ **인도**(Humanity) : 전쟁터에서 부상자를 차별 없이 도우려는 열망에서 탄생한 국제적십자운동은 국제적, 국내적 역량을 발휘하여 어디서든지 인간의 고통을 덜어주고 예방하기 위해 노력한다. 적십자운동의 목적은 생명과 건강을 보호하며 인간의 존엄성을 존중하고 보장하는 데 있다. 적십자운동은 모든 사람들 간의 이해, 우정, 협력 및 항구적 평화를 증진시킨다.

　㉡ **공평**(Impartiality) : 국제적십자운동은 국적, 인종, 종교적 신념, 계급 또는 정치적 입장이 다르다고 차별하지 않는다. 오직 개개인의 절박한 필요에 따라 고통을 덜어주고 가장 위급한 재난부터 우선적으로 해결하도록 노력한다.

　㉢ **중립**(Neutrality) : 적십자운동은 지속적으로 모든 사람의 신뢰를 받기 위해 적대행위가 있을 때 어느 편에도 가담하지 않고 어떤 경우에도 정치적, 인종적, 종교적 또는 이념적 성격을 띤 논쟁에 개입하지 않는다.

　㉣ **독립**(Independence) : 적십자운동은 독립적이다. 각국 적십자는 정부의 인도주의 사업에 대한 보조자로서 국내법규를 준수하지만, 어느 때든지 적십자 원칙에 따라 행동할 수 있도록 항상 자율성을 유자해야 한다.

　㉤ **자발적 봉사**(Voluntary service) : 적십자운동은 자발적 구호운동으로서 어떤 이익도 추구하지 않는다.

　㉥ **단일**(Unity) : 한 나라에는 하나의 적십자사만 존재할 수 있다. 적십자사는 모든 사람에게 개방되어야 하며, 그 나라 영토 전역에서 인도주의 사업을 수행해야 한다.

　㉦ **보편**(Universality) : 국제적십자운동은 각 나라의 적십자들이 동등한 지위와 책임과 의무를 가지고 서로 돕는 범세계적인 운동이다.

② **구성** … 국제적십자운동은 국제적십자위원회(ICRC), 국제적십자사연맹(IFRC)과 각국 적십자사·적신월사로 구성되어 있다.

　㉠ **국제적십자위원회**(ICRC ; International Committee of the Red Cross)

　　• 1863년 설립되었으며 국제적십자운동의 시초가 되었다.

- 무력충돌 시 야기되는 고통을 최소화하고 인간의 생명과 존엄성을 보호하기 위해 노력하며, 각국 적십자사, 적신월사의 인도주의 활동을 지원한다.
ⓛ 국제적십자사연맹(IFRC ; International Federation of the Red Cross & Red Crescent Societies)
- 1919년 설립되었으며 모든 회원사들을 대표한다.
- 재난대비 및 대응, 취약계층 지원을 위해 각국 적십자사가 협력할 수 있도록 지원한다.
ⓒ 각국 적십자사 · 적신월사(National Societies ; National Red Cross & Red Crescent Societies)
- 현재 총 192개국의 적십자사와 적신월사가 활동하며, 자국 정부의 인도적 활동에 대한 보조적 역할을 담당하고 있다.
- 재난구호, 보건 및 사회복지 프로그램 등 다양한 서비스를 제공하며, 전쟁 시 민간구호지원 및 필요한 경우 군 의료 서비스를 지원한다.

③ 전략 2030

연맹 전략 2030 비전	우리 전세계 적십자와 적신월사 네트워크는 모두에게 더 나은 미래를 만들 변화를 이끌며, 인류의 선을 위하여 사람들을 함께 불러 모은다.

전략 2030 모토	Local Action, Global Reach • 위기를 예측하고, 대응하며, 빠르게 회복할 수 있다. • 안전하고 건강하며 존엄한 삶과 번영할 수 있는 기회를 가질 수 있도록 이끈다. • 우리는 통합적이고 평화로운 지역사회를 위해 결집한다.

5대 글로벌 과제	• 새로운 위기 및 재난의 진화 : 사회적 갈등과 재난이 빈곤의 요소로 작용, 재난의 종류 및 정도 심화 • 기후 및 환경 위기 : 현재 최대의 이슈, 미래세대를 위한 자원에 영향 • 보건과 행복 격차 : 새로운 형태의 공중 보건 위협(바이러스), 고령사회, 정신건강, 디지털 고립 • 가치, 권력 및 통합 : 사회의 분열화, 외국인 혐오, 여성/아동에 대한 학대 • 이주민 및 정체성 : 내포, 전통적인 시민권과 정체성의 혼란, 사회적 위협 또는 기회, 무국적자의 증가

7대 변혁 분야	• 광범위한 조직으로 활동, 효율성 도모 • 미래 재정 • 자원 봉사활동 장려 및 결집 • 신뢰 및 책무성 보장 • 강력하고 효과적인 지역 활동주체로 적십자사의 자원 및 개발 • 영향력 있는 인도주의 활동 • 디지털 변화 추진

(1) 모집부문 및 지원자격

모집부문			지원자격
모집 직렬	모집 직종	모집 분야	
일반 직원	사무직	일반 사무 + 장애인	• (일반) 2020년 4월 이후 응시한 TOEIC 700점 이상 또는 TEPS 555점 (New TEPS 265점) 이상인 자 ※ 청각장애인(2, 3급 또는 장애인 복지법 시행규칙 제2조 및 별표1에서 4.청각장애인 가. 청력을 잃은 사람 중 1) 장애의 정도가 심한 장애인)은 듣기부분을 제외한 나머지 성적이 TOEIC 350점, TEPS 333점, New TEPS 153점 이상인 자 • (장애인) 2020년 4월 이후 응시한 TOEIC 700점 이상 또는 TEPS 555점 (New TEPS 265점) 이상인 자 ※ 장애인고용촉진 및 직업재활법 제2조 제1호 규정에 의한 장애인
		전산	• 다음의 요건 동시 충족자 -2020년 4월 이후 응시한 TOEIC 700점 이상 또는 TEPS 555점(New TEPS 265점) 이상인 자 ※ 청각장애인(2, 3급 또는 장애인 복지법 시행규칙 제2조 및 별표1에서 4.청각장애인 가. 청력을 잃은 사람 중 1) 장애의 정도가 심한 장애인)은 듣기부분을 제외한 나머지 성적이 TOEIC 350점, TEPS 333점, New TEPS 153점 이상인 자 -정보처리산업기사 또는 정보처리기사 자격 소지자
공통 자격조건			• 병역법 제76조의 병역의무 불이행자에 해당하지 않는 자 • 대한적십자사 직원운영규정 제20조 임용결격사유에 해당하지 않는 자 • 대한적십자사 직원운영규정 제56조(정년)에 해당되지 않는 자 (임용일 기준, 만 60세 미만인 자) • 수습 임용(예정)일(2022.4.1.)부터 근무 가능한 자

※ 모든 지원자격 요소는 증빙자료 미제출시 불인정되며, 증빙자료는 면접전형 전 별도 제출받아 진위여부를 확인함
※ TOEIC, TEPS는 국내에서 응시한 시험에 한하며, 2020.4.1. 이후 응시하고 접수 마감일까지 성적표가 발급된 경우에 한함
※ 자격증 및 면허증은 공고게시일 이전 취득에 한하여 인정

(2) 접수방법 및 전형절차

① 접수방법 ··· 온라인(http://redcrossincruit.com) 접수

② 전형절차

구분	1단계	2단계	3단계	4단계
채용절차	서류전형	필기전형	면접전형(Ⅰ)	면접전형(Ⅱ)
합격인원	권역별 선발인원의 7배수	권역별 선발인원의 4배수	권역별 선발인원의 3배수	75명

※ 필기전형(2021년 상반기 기준)
- 필기과목 : (NCS 직업기초능력평가) 의사소통능력, 수리능력, 문제해결능력, 자원관리능력, 정보능력
- 문항수 : 80문항(영역별 16문항), 시간 : 70분
- 과락기준 : 전체 영역 60%, 개별 영역 40% 미만 득점한 경우

(3) 서류심사 우선합격대상(관련 증빙서류 제출자에 한함)

- 대상자 : 취업지원 대상자, 장애인

- 국가유공자 등 예우 및 지원에 관한 법률 제29조 및 독립유공자예우에 관한 법률 제16조에 해당하는 자

- 5·18 민주유공자예우 및 단체설립에 관한 법률 제20조 및 특수임무유공자 예우 및 단체설립에 관한 법률 제19조의 규정에 의한 취업지원대상자

- 보훈보상대상자 지원에 관한 법률 제33조 및 고엽제후유의증 등 환자지원 및 단체설립에 관한 법률 제7조의9에 해당하는 자

- 장애인고용촉진 및 직업재활법 제2조 제1호 규정에 의한 장애인

  ※ 일반직원에 응시한 서류심사 우선합격 대상자 중 과락기준(필수자격조건 소지)에 미달하는 자는 우선합격자에서 제외
  ※ 채용인원이 3명 이하인 권역/분야의 경우 취업지원 대상자는 우선합격에서 제외

(4) 임용계획

① 2022.4. 1차 임용 후 3개월간의 수습기간 평가를 통해 7급 정규직원으로 임용예정(평가 결과에 따라 임용되지 않을 수 있음)

② 4. 1차에 임용되지 않은 임용대기자는 권역별 입사포기 또는 퇴사 등으로 인한 결원 발생 시 성적순에 의거 순차적으로 임용 안내(단, 임용대기 기한은 2022. 12. 31.까지이며 2022. 9. 30.까지 응시 권역에 임용되지 않았을 시 전 기관 인력운영 및 결원 상황 등을 고려하여 타 권역에 배치될 수 있음

③ 사무직(전산)에 한하여 예비합격자 2배수 운영

  • 예비합격자는 합격자가 임사를 포기하거나 임용일로부터 3개월 이내 퇴직하는 경우에 한하여 임용

  • 대기기한 : 임용예정일(2022.4.1.)로부터 3개월(2022.6.30.)까지

④ 신규입사자는 최초 임용일로부터 해당 소속기관에서 최소 5년간 근무를 원칙으로 함. 다만 사의 인력
  운영상 필요한 경우 인사조치 할 수 있음

⑤ 신체검사 불합격자는 임용취소 될 수 있음(신체검사비용은 사에서 지급)

PART

II

직업기초능력평가

01 의사소통능력
02 수리능력
03 문제해결능력
04 자원관리능력
05 정보능력

01 의사소통능력

1 의사소통과 의사소통능력

(1) 의사소통

① **개념** ··· 사람들 간에 생각이나 감정, 정보, 의견 등을 교환하는 총체적인 행위로, 직장생활에서의 의사소통은 조직과 팀의 효율성과 효과성을 성취할 목적으로 이루어지는 구성원 간의 정보와 지식 전달 과정이라고 할 수 있다.

② **기능** ··· 공동의 목표를 추구해 나가는 집단 내의 기본적 존재 기반이며 성과를 결정하는 핵심 기능이다.

③ **의사소통의 종류**
    ㉠ 언어적인 것 : 대화, 전화통화, 토론 등
    ㉡ 문서적인 것 : 메모, 편지, 기획안 등
    ㉢ 비언어적인 것 : 몸짓, 표정 등

④ **의사소통을 저해하는 요인** : 정보의 과다, 메시지의 복잡성 및 메시지 간의 경쟁, 상이한 직위와 과업지향형, 신뢰의 부족, 의사소통을 위한 구조상의 권한, 잘못된 매체의 선택, 폐쇄적인 의사소통 분위기 등

(2) 의사소통능력

① **개념** ··· 의사소통능력은 직장생활에서 문서나 상대방이 하는 말의 의미를 파악하는 능력, 자신의 의사를 정확하게 표현하는 능력, 간단한 외국어 자료를 읽거나 외국인의 의사표시를 이해하는 능력을 포함한다.

② **의사소통능력 개발을 위한 방법**
    ㉠ 사후검토와 피드백을 활용한다.
    ㉡ 명확한 의미를 가진 이해하기 쉬운 단어를 선택하여 이해도를 높인다.
    ㉢ 적극적으로 경청한다.
    ㉣ 메시지를 감정적으로 곡해하지 않는다.

2 의사소통능력을 구성하는 하위능력

(1) 문서이해능력

① 문서와 문서이해능력

　㉠ 문서 : 제안서, 보고서, 기획서, 이메일, 팩스 등 문자로 구성된 것으로 상대방에게 의사를 전달하여 설득하는 것을 목적으로 한다.

　㉡ 문서이해능력 : 직업현장에서 자신의 업무와 관련된 문서를 읽고, 내용을 이해하고 요점을 파악할 수 있는 능력을 말한다.

예제 1

다음은 신용카드 약관의 주요내용이다. 규정 약관을 제대로 이해하지 못한 사람은?

> [부가서비스]
> 카드사는 법령에서 정한 경우를 제외하고 상품을 새로 출시한 후 1년 이내에 부가서비스를 줄이거나 없앨 수가 없다. 또한 부가서비스를 줄이거나 없앨 경우에는 그 세부내용을 변경일 6개월 이전에 회원에게 알려주어야 한다.
>
> [중도 해지 시 연회비 반환]
> 연회비 부과기간이 끝나기 이전에 카드를 중도해지하는 경우 남은 기간에 해당하는 연회비를 계산하여 10 영업일 이내에 돌려줘야 한다. 다만, 카드 발급 및 부가서비스 제공에 이미 지출된 비용은 제외된다.
>
> [카드 이용한도]
> 카드 이용한도는 카드 발급을 신청할 때에 회원이 신청한 금액과 카드사의 심사 기준을 종합적으로 반영하여 회원이 신청한 금액 범위 이내에서 책정되며 회원의 신용도가 변동되었을 때에는 카드사는 회원의 이용한도를 조정할 수 있다.
>
> [부정사용 책임]
> 카드 위조 및 변조로 인하여 발생된 부정사용 금액에 대해서는 카드사가 책임을 진다. 다만, 회원이 비밀번호를 다른 사람에게 알려주거나 카드를 다른 사람에게 빌려주는 등의 중대한 과실로 인해 부정사용이 발생하는 경우에는 회원이 그 책임의 전부 또는 일부를 부담할 수 있다.

① 혜수 : 카드사는 법령에서 정한 경우를 제외하고는 1년 이내에 부가서비스를 줄일 수 없어.

② 진성 : 카드 위조 및 변조로 인하여 발생된 부정사용 금액은 일괄 카드사가 책임을 지게 돼.

③ 영훈 : 회원의 신용도가 변경되었을 때 카드사가 이용한도를 조정할 수 있어.

④ 영호 : 연회비 부과기간이 끝나기 이전에 카드를 중도해지하는 경우에는 남은 기간에 해당하는 연회비를 카드사는 돌려줘야 해.

[출제의도]
주어진 약관의 내용을 읽고 그에 대한 상세 내용의 정보를 이해하는 능력을 측정하는 문항이다.
[해설]
② 부정사용에 대해 고객의 과실이 있으면 회원이 그 책임의 전부 또는 일부를 부담할 수 있다.

답 ②

② 문서의 종류

    ㉠ **공문서** : 정부기관에서 공무를 집행하기 위해 작성하는 문서로, 단체 또는 일반회사에서 정부기관을 상대로 사업을 진행할 때 작성하는 문서도 포함된다. 엄격한 규격과 양식이 특징이다.

    ㉡ **기획서** : 아이디어를 바탕으로 기획한 프로젝트에 대해 상대방에게 전달하여 시행하도록 설득하는 문서이다.

    ㉢ **기안서** : 업무에 대한 협조를 구하거나 의견을 전달할 때 작성하는 사내 공문서이다.

    ㉣ **보고서** : 특정한 업무에 관한 현황이나 진행 상황, 연구·검토 결과 등을 보고하고자 할 때 작성하는 문서이다.

    ㉤ **설명서** : 상품의 특성이나 작동 방법 등을 소비자에게 설명하기 위해 작성하는 문서이다.

    ㉥ **보도자료** : 정부기관이나 기업체 등이 언론을 상대로 자신들의 정보를 기사화 되도록 하기 위해 보내는 자료이다.

    ㉦ **자기소개서** : 개인이 자신의 성장과정이나, 입사 동기, 포부 등에 대해 구체적으로 기술하여 자신을 소개하는 문서이다.

    ㉧ **비즈니스 레터**(E-mail) : 사업상의 이유로 고객에게 보내는 편지다.

    ㉨ **비즈니스 메모** : 업무상 확인해야 할 일을 메모형식으로 작성하여 전달하는 글이다.

③ **문서이해의 절차** : 문서의 목적 이해→문서 작성 배경·주제 파악→정보 확인 및 현안문제 파악→문서 작성자의 의도 파악 및 자신에게 요구되는 행동 분석→목적 달성을 위해 취해야 할 행동 고려→문서 작성자의 의도를 도표나 그림 등으로 요약·정리

(2) 문서작성능력

① 작성되는 문서에는 대상과 목적, 시기, 기대효과 등이 포함되어야 한다.

② **문서작성의 구성요소**

    ㉠ 짜임새 있는 골격, 이해하기 쉬운 구조

    ㉡ 객관적이고 논리적인 내용

    ㉢ 명료하고 설득력 있는 문장

    ㉣ 세련되고 인상적인 레이아웃

다음은 들은 내용을 구조적으로 정리하는 방법이다. 순서에 맞게 배열하면?

㉠ 관련 있는 내용끼리 묶는다.
㉡ 묶은 내용에 적절한 이름을 붙인다.
㉢ 전체 내용을 이해하기 쉽게 구조화한다.
㉣ 중복된 내용이나 덜 중요한 내용을 삭제한다.

---

① ㉠㉡㉢㉣   ② ㉠㉡㉣㉢
③ ㉡㉠㉢㉣   ④ ㉡㉠㉣㉢

[출제의도]
음성정보는 문자정보와는 달리 쉽게 잊혀 지기 때문에 음성정보를 구조화 시키는 방법을 묻는 문항이다.
[해설]
내용을 구조적으로 정리하는 방법은 '㉠ 관련 있는 내용끼리 묶는다. → ㉡ 묶은 내용에 적절한 이름을 붙인다. → ㉣ 중복된 내용이나 덜 중요한 내용을 삭제한다. → ㉢ 전체 내용을 이해하기 쉽게 구조화한다.'가 적절하다.

답 ②

③ 문서의 종류에 따른 작성방법

　㉠ 공문서

- 육하원칙이 드러나도록 써야 한다.
- 날짜는 반드시 연도와 월, 일을 함께 언급하며, 날짜 다음에 괄호를 사용할 때는 마침표를 찍지 않는다.
- 대외문서이며, 장기간 보관되기 때문에 정확하게 기술해야 한다.
- 내용이 복잡할 경우 '-다음-', '-아래-'와 같은 항목을 만들어 구분한다.
- 한 장에 담아내는 것을 원칙으로 하며, 마지막엔 반드시 '끝'자로 마무리한다.

　㉡ 설명서

- 정확하고 간결하게 작성한다.
- 이해하기 어려운 전문용어의 사용은 삼가고, 복잡한 내용은 도표화한다.
- 명령문보다는 평서문을 사용하고, 동어 반복보다는 다양한 표현을 구사하는 것이 바람직하다.

　㉢ 기획서

- 상대를 설득하여 기획서가 채택되는 것이 목적이므로 상대가 요구하는 것이 무엇인지 고려하여 작성하며, 기획의 핵심을 잘 전달하였는지 확인한다.
- 분량이 많을 경우 전체 내용을 한눈에 파악할 수 있도록 목차구성을 신중히 한다.
- 효과적인 내용 전달을 위한 표나 그래프를 적절히 활용하고 산뜻한 느낌을 줄 수 있도록 한다.
- 인용한 자료의 출처 및 내용이 정확해야 하며 제출 전 충분히 검토한다.

ⓔ 보고서

- 도출하고자 한 핵심내용을 구체적이고 간결하게 작성한다.
- 내용이 복잡할 경우 도표나 그림을 활용하고, 참고자료는 정확하게 제시한다.
- 제출하기 전에 최종점검을 하며 질의를 받을 것에 대비한다.

예제 3

다음 중 공문서 작성에 대한 설명으로 가장 적절하지 못한 것은?

① 공문서나 유가증권 등에 금액을 표시할 때에는 한글로 기재하고 그 옆에 괄호를 넣어 숫자로 표기한다.
② 날짜는 숫자로 표기하되 년, 월, 일의 글자는 생략하고 그 자리에 온점(.)을 찍어 표시한다.
③ 첨부물이 있는 경우에는 붙임 표시문 끝에 1자 띄우고 "끝."이라고 표시한다.
④ 공문서의 본문이 끝났을 경우에는 1자를 띄우고 "끝."이라고 표시한다.

[출제의도]
업무를 할 때 필요한 공문서 작성법을 잘 알고 있는지를 측정하는 문항이다.
[해설]
공문서 금액 표시
아라비아 숫자로 쓰고, 숫자 다음에 괄호를 하여 한글로 기재한다.
예) 금 123,456원(금 일십이만삼천사백오십육원)

답 ①

---

④ 문서작성의 원칙

㉠ 문장은 짧고 간결하게 작성한다(간결체 사용).
㉡ 상대방이 이해하기 쉽게 쓴다.
㉢ 불필요한 한자의 사용을 자제한다.
㉣ 문장은 긍정문의 형식을 사용한다.
㉤ 간단한 표제를 붙인다.
㉥ 문서의 핵심내용을 먼저 쓰도록 한다(두괄식 구성).

⑤ 문서작성 시 주의사항

㉠ 육하원칙에 의해 작성한다.
㉡ 문서 작성시기가 중요하다.
㉢ 한 사안은 한 장의 용지에 작성한다.
㉣ 반드시 필요한 자료만 첨부한다.
㉤ 금액, 수량, 일자 등은 기재에 정확성을 기한다.
㉥ 경어나 단어사용 등 표현에 신경 쓴다.
㉦ 문서작성 후 반드시 최종적으로 검토한다.

⑥ 효과적인 문서작성 요령

　　㉠ **내용이해** : 전달하고자 하는 내용과 핵심을 정확하게 이해해야 한다.

　　㉡ **목표설정** : 전달하고자 하는 목표를 분명하게 설정한다.

　　㉢ **구성** : 내용 전달 및 설득에 효과적인 구성과 형식을 고려한다.

　　㉣ **자료수집** : 목표를 뒷받침할 자료를 수집한다.

　　㉤ **핵심전달** : 단락별 핵심을 하위목차로 요약한다.

　　㉥ **대상파악** : 대상에 대한 이해와 분석을 통해 철저히 파악한다.

　　㉦ **보충설명** : 예상되는 질문을 정리하여 구체적인 답변을 준비한다.

　　㉧ **문서표현의 시각화** : 그래프, 그림, 사진 등을 적절히 사용하여 이해를 돕는다.

(3) 경청능력

① **경청의 중요성** … 경청은 다른 사람의 말을 주의 깊게 들으며 공감하는 능력으로 경청을 통해 상대방을 한 개인으로 존중하고 성실한 마음으로 대하게 되며, 상대방의 입장에 공감하고 이해하게 된다.

② **경청을 방해하는 습관** … 짐작하기, 대답할 말 준비하기, 걸러내기, 판단하기, 다른 생각하기, 조언하기, 언쟁하기, 옳아야만 하기, 슬쩍 넘어가기, 비위 맞추기 등

③ **효과적인 경청방법**

　　㉠ **준비하기** : 강연이나 프레젠테이션 이전에 나누어주는 자료를 읽어 미리 주제를 파악하고 등장하는 용어를 익혀둔다.

　　㉡ **주의 집중** : 말하는 사람의 모든 것에 집중해서 적극적으로 듣는다.

　　㉢ **예측하기** : 다음에 무엇을 말할 것인가를 추측하려고 노력한다.

　　㉣ **나와 관련짓기** : 상대방이 전달하고자 하는 메시지를 나의 경험과 관련지어 생각해 본다.

　　㉤ **질문하기** : 질문은 듣는 행위를 적극적으로 하게 만들고 집중력을 높인다.

　　㉥ **요약하기** : 주기적으로 상대방이 전달하려는 내용을 요약한다.

　　㉦ **반응하기** : 피드백을 통해 의사소통을 점검한다.

예제 4

다음은 면접스터디 중 일어난 대화이다. 민아의 고민을 해소하기 위한 조언으로 가장 적절한 것은?

> 지섭 : 민아씨, 어디 아파요? 표정이 안 좋아 보여요.
>
> 민아 : 제가 원서 넣은 공단이 내일 면접이어서요. 그동안 스터디를 통해서 면접 연습을 많이 했는데도 벌써부터 긴장이 되네요.
>
> 지섭 : 민아씨는 자기 의견도 명확히 피력할 줄 알고 조리 있게 설명을 잘 하시니 걱정 안하셔도 될 것 같아요. 아, 손에 꽉 쥐고 계신 건 뭔가요?
>
> 민아 : 아, 제가 예상 답변을 정리해서 모아둔거예요. 내용은 거의 외웠는데 이렇게 쥐고 있지 않으면 불안해서...
>
> 지섭 : 그 정도로 준비를 철저히 하셨으면 걱정할 이유 없을 것 같아요.
>
> 민아 : 그래도 압박면접이거나 예상치 못한 질문이 들어오면 어떻게 하죠?
>
> 지섭 : _____

① 시선을 적절히 처리하면서 부드러운 어투로 말하는 연습을 해보는 건 어때요?
② 공식적인 자리인 만큼 옷차림을 신경 쓰는 게 좋을 것 같아요.
③ 당황하지 말고 질문자의 의도를 잘 파악해서 침착하게 대답하면 되지 않을까요?
④ 예상 질문에 대한 답변을 좀 더 정확하게 외워보는 건 어떨까요?

[출제의도]
상대방이 하는 말을 듣고 질문 의도에 따라 올바르게 답하는 능력을 측정하는 문항이다.
[해설]
민아는 압박질문이나 예상치 못한 질문에 대해 걱정을 하고 있으므로 침착하게 대응하라고 조언을 해주는 것이 좋다.

답 ③

---

(4) 의사표현능력

① **의사표현의 개념과 종류**

　㉠ **개념** : 화자가 자신의 생각과 감정을 청자에게 음성언어나 신체언어로 표현하는 행위이다.

　㉡ **종류**

　　• 공식적 말하기 : 사전에 준비된 내용을 대중을 대상으로 말하는 것으로 연설, 토의, 토론 등이 있다.

　　• 의례적 말하기 : 사회 · 문화적 행사에서와 같이 절차에 따라 하는 말하기로 식사, 주례, 회의 등이 있다.

　　• 친교적 말하기 : 친근한 사람들 사이에서 자연스럽게 주고받는 대화 등을 말한다.

② **의사표현의 방해요인**

　㉠ **연단공포증** : 연단에 섰을 때 가슴이 두근거리거나 땀이 나고 얼굴이 달아오르는 등의 현상으로 충분한 분석과 준비, 더 많은 말하기 기회 등을 통해 극복할 수 있다.

　㉡ **말** : 말의 장단, 고저, 발음, 속도, 쉼 등을 포함한다.

　㉢ **음성** : 목소리와 관련된 것으로 음색, 고저, 명료도, 완급 등을 의미한다.

ⓔ 몸짓 : 비언어적 요소로 화자의 외모, 표정, 동작 등이다.

ⓜ 유머 : 말하기 상황에 따른 적절한 유머를 구사할 수 있어야 한다.

③ 상황과 대상에 따른 의사표현법

　ㄱ 잘못을 지적할 때 : 모호한 표현을 삼가고 확실하게 지적하며, 당장 꾸짖고 있는 내용에만 한정한다.

　ㄴ 칭찬할 때 : 자칫 아부로 여겨질 수 있으므로 센스 있는 칭찬이 필요하다.

　ㄷ 부탁할 때 : 먼저 상대방의 사정을 듣고 응하기 쉽게 구체적으로 부탁하며 거절을 당해도 싫은 내색을 하지 않는다.

　ㄹ 요구를 거절할 때 : 먼저 사과하고 응해줄 수 없는 이유를 설명한다.

　ㅁ 명령할 때 : 강압적인 말투보다는 '○○을 이렇게 해주는 것이 어떻겠습니까?'와 같은 식으로 부드럽게 표현하는 것이 효과적이다.

　ㅂ 설득할 때 : 일방적으로 강요하기보다는 먼저 양보해서 이익을 공유하겠다는 의지를 보여주는 것이 좋다.

　ㅅ 충고할 때 : 충고는 가장 최후의 방법이다. 반드시 충고가 필요한 상황이라면 예화를 들어 비유적으로 깨우쳐주는 것이 바람직하다.

　ㅇ 질책할 때 : 샌드위치 화법(칭찬의 말 + 질책의 말 + 격려의 말)을 사용하여 청자의 반발을 최소화한다.

예제 5

당신은 팀장님께 업무 지시내용을 수행하고 결과물을 보고 드렸다. 하지만 팀장님께서는 "최대리 업무를 이렇게 처리하면 어떡하나? 누락된 부분이 있지 않은가."라고 말하였다. 이에 대해 당신이 행할 수 있는 가장 부적절한 대처 자세는?

① "죄송합니다. 제가 잘 모르는 부분이라 이수혁 과장님께 부탁을 했는데 과장님께서 실수를 하신 것 같습니다."

② "주의를 기울이지 못해 죄송합니다. 어느 부분을 수정보완하면 될까요?"

③ "지시하신 내용을 제가 충분히 이해하지 못하였습니다. 내용을 다시 한 번 여쭤보아도 되겠습니까?"

④ "부족한 내용을 보완하는 자료를 취합하기 위해서 하루정도가 더 소요될 것 같습니다. 언제까지 재작성하여 드리면 될까요?"

[출제의도]

상사가 잘못을 지적하는 상황에서 어떻게 대처해야 하는지를 묻는 문항이다.

[해설]

상사가 부탁한 지시사항을 다른 사람에게 부탁하는 것은 옳지 못하며 설사 그렇다고 해도 그 일의 과오에 대해 책임을 전가하는 것은 지양해야 할 자세이다.

답 ①

④ 원활한 의사표현을 위한 지침

　　㉠ 올바른 화법을 위해 독서를 하라.

　　㉡ 좋은 청중이 되라.

　　㉢ 칭찬을 아끼지 마라.

　　㉣ 공감하고, 긍정적으로 보이게 하라.

　　㉤ 겸손은 최고의 미덕임을 잊지 마라.

　　㉥ 과감하게 공개하라.

　　㉦ 뒷말을 숨기지 마라.

　　㉧ 첫마디 말을 준비하라.

　　㉨ 이성과 감성의 조화를 꾀하라.

　　㉩ 대화의 룰을 지켜라.

　　㉪ 문장을 완전하게 말하라.

⑤ 설득력 있는 의사표현을 위한 지침

　　㉠ 'Yes'를 유도하여 미리 설득 분위기를 조성하라.

　　㉡ 대비 효과로 분발심을 불러 일으켜라.

　　㉢ 침묵을 지키는 사람의 참여도를 높여라.

　　㉣ 여운을 남기는 말로 상대방의 감정을 누그러뜨려라.

　　㉤ 하던 말을 갑자기 멈춤으로써 상대방의 주의를 끌어라.

　　㉥ 호칭을 바꿔서 심리적 간격을 좁혀라.

　　㉦ 끄집어 말하여 자존심을 건드려라.

　　㉧ 정보전달 공식을 이용하여 설득하라.

　　㉨ 상대방의 불평이 가져올 결과를 강조하라.

　　㉩ 권위 있는 사람의 말이나 작품을 인용하라.

　　㉪ 약점을 보여 주어 심리적 거리를 좁혀라.

　　㉫ 이상과 현실의 구체적 차이를 확인시켜라.

　　㉬ 자신의 잘못도 솔직하게 인정하라.

　　㉭ 집단의 요구를 거절하려면 개개인의 의견을 물어라.

　　ⓐ 동조 심리를 이용하여 설득하라.

　　ⓑ 지금까지의 노고를 치하한 뒤 새로운 요구를 하라.

　　ⓒ 담당자가 대변자 역할을 하도록 하여 윗사람을 설득하게 하라.

　　ⓓ 겉치레 양보로 기선을 제압하라.

　　ⓔ 변명의 여지를 만들어 주고 설득하라.

　　ⓕ 혼자 말하는 척하면서 상대의 잘못을 지적하라.

(5) 기초외국어능력

① 기초외국어능력의 개념과 필요성
　　㉠ 개념 : 기초외국어능력은 외국어로 된 간단한 자료를 이해하거나, 외국인과의 전화응대와 간단한 대화 등 외국인의 의사표현을 이해하고, 자신의 의사를 기초외국어로 표현할 수 있는 능력이다.
　　㉡ 필요성 : 국제화 · 세계화 시대에 다른 나라와의 무역을 위해 우리의 언어가 아닌 국제적인 통용어를 사용하거나 그들의 언어로 의사소통을 해야 하는 경우가 생길 수 있다.

② 외국인과의 의사소통에서 피해야 할 행동
　　㉠ 상대를 볼 때 흘겨보거나, 노려보거나, 아예 보지 않는 행동
　　㉡ 팔이나 다리를 꼬는 행동
　　㉢ 표정이 없는 것
　　㉣ 다리를 흔들거나 펜을 돌리는 행동
　　㉤ 맞장구를 치지 않거나 고개를 끄덕이지 않는 행동
　　㉥ 생각 없이 메모하는 행동
　　㉦ 자료만 들여다보는 행동
　　㉧ 바르지 못한 자세로 앉는 행동
　　㉨ 한숨, 하품, 신음소리를 내는 행동
　　㉩ 다른 일을 하며 듣는 행동
　　㉪ 상대방에게 이름이나 호칭을 어떻게 부를지 묻지 않고 마음대로 부르는 행동

③ 기초외국어능력 향상을 위한 공부법
　　㉠ 외국어공부의 목적부터 정하라.
　　㉡ 매일 30분씩 눈과 손과 입에 밸 정도로 반복하라.
　　㉢ 실수를 두려워하지 말고 기회가 있을 때마다 외국어로 말하라.
　　㉣ 외국어 잡지나 원서와 친해져라.
　　㉤ 소홀해지지 않도록 라이벌을 정하고 공부하라.
　　㉥ 업무와 관련된 주요 용어의 외국어는 꼭 알아두자.
　　㉦ 출퇴근 시간에 외국어 방송을 보거나, 듣는 것만으로도 귀가 트인다.
　　㉧ 어린이가 단어를 배우듯 외국어 단어를 암기할 때 그림카드를 사용해 보라.
　　㉨ 가능하면 외국인 친구를 사귀고 대화를 자주 나눠 보라.

1 다음 밑줄 친 단어 중 맞춤법에 맞지 않는 것은?

① 서울을 수도로 정한 지 올해로 벌써 600돌이 되었다.

② 그가 나타나자 그녀는 <u>적이</u> 안심한 모습이었다.

③ 마침내 마지막 거리 <u>열두째</u> 뒷전놀이를 시작했다.

④ 그는 주인과 의논하여 <u>삯월세</u>를 전세로 바꾸었다.

⑤ 오늘따라 나의 기분이 <u>왠지</u> 들떴다.

 삯월세 → 사글세

2 다음 중 맞춤법이 바르게 쓰인 문장은?

① 그 시험은 합격율이 낮기로 소문이 났어.

② 좋던 싫던 네가 해야 할 일은 해야 해.

③ 부모님에게 자식으로서의 도리를 하려고 해.

④ 식당을 나설 때는 항상 "안녕히 계십시요"라고 인사를 해.

⑤ 그는 "이 정도로 만족해서는 안 됀다"고 늘 말했어.

 ① 합격율 → 합격률
② 좋던 싫던 → 좋든 싫든
④ 안녕히 계십시요 → 안녕히 계십시오
⑤ 안 됀다 → 안 된다

3 다음 중 영어표현이 적절하지 않은 것은?

① 메시지를 남길 수 있을까요?

→ Can I take a message?

② 코트를 받아드릴까요?

→ Can I take your coat?

③ 1시에 점심을 예약해두었습니다.

→ I've booked lunch for 1 o'clock.

④ 마실 것 좀 드시겠습니까?

→ Would you like something to drink?

⑤ 계속 통화중이더군요.

→ I kept getting a busy signal.

 ① '메시지를 남길 수 있을까요?'라는 영어표현은 'Can I leave a message?'이다. 또한 'Can I take a massage?'는 '메시지를 남기시겠습니까?'라는 표현이다.

4 다음 ㈎, ㈏의 괄호 안에 들어갈 사자성어를 바르게 나열한 것은?

> ㈎ 그는 절망의 구렁텅이에 있던 자신에게 손을 내밀어준 그녀에게 (　　　)할 것이라고 다짐하였다.
> ㈏ 시험 한 달 전부터 준비를 하여, 남들보다 여유가 있는 그녀의 모습을 보면 (　　　)이라는 말이
> 와 닿는다.

	㈎	㈏		㈎	㈏
①	有備無患	刻骨難忘	②	結草報恩	有備無患
③	有備無患	說往說來	④	說往說來	結草報恩
⑤	刻骨難忘	說往說來			

 ㈎ **결초보은(結草報恩)**: 풀을 묶어서 은혜를 갚는다는 뜻으로, 죽어서도 잊지 않고 은혜를 갚음을 이르는 말

㈏ **유비무환(有備無患)**: 준비가 있으면 근심이 없다는 뜻으로, 미리 준비를 하면 우환을 당하지 않음을 이르는 말

• **설왕설래(說往說來)**: 말이 오고간다는 뜻으로, 어떤 주제에 대해 의견이 합치되지 않고 서로 옥신각신하는 모습을 이르는 말

• **각골난망(刻骨難忘)**: 은혜를 입은 고마움을 뼈에 새겨 잊지 않음을 이르는 말

Answer 1.④ 2.③ 3.① 4.②

5 밑줄 친 (가)~(다)의 괄호에 들어갈 가장 적절한 단어를 고르면?

> • 이 보고서는 오늘내로 부장님께 (가)(결재 / 결제)받아야 하는 급한 사안이다.
> • 그렇게 얼렁뚱땅 일을 처리하더니 결국 이 (나)(사달 / 사단)이 날 줄 알았다.
> • 그의 논문은 다른 사람의 논문을 내용들을 (다)(짜깁기 / 짜집기)한 것으로 밝혀졌다.

	(가)	(나)	(다)
①	결재	사단	짜집기
②	결제	사단	짜집기
③	결재	사단	짜깁기
④	결제	사달	짜깁기
⑤	결재	사달	짜깁기

 (가) **결재**: 부하가 제출한 안건을 검토하여 허가하거나 승인하는 것
　　　 결제: 대금을 주고 받는 거래
　(나) **사달**: 사고나 탈
　　　 사단: 사건의 단서나 일의 실마리
　(다) **짜깁기** ㉠ 직물의 찢어진 곳을 그 감의 올을 살려 흠집 없이 짜서 깁는 일
　　　　　 ㉡ 기존의 글이나 영화 등을 편집하여 하나의 완성품으로 만드는 일

6 다음 제시문을 바탕으로 '공부'에 관한 글을 쓰려고 할 때, 이끌어 낼 수 있는 내용으로 적절하지 않은 것은?

> 자전거를 쓰러뜨리지 않고 잘 타려면 기울어지는 쪽으로 방향을 틀면서 균형을 잡되, 멈추지 않고 계속 앞으로 가야만 한다. 그런데 실제로는 이런 원리를 아는 것보다 직접 타 보면서 연습하는 것이 더 중요하다. 이때 만약 자전거를 처음 배운다면 누군가 뒤에서 잡아주는 것이 좀 더 효율적이다. 뒤에서 잡아주다가 타는 사람도 모르게 살며시 놓아주게 되면 타는 사람은 어느새 자신도 모르게 균형을 잡고 자전거를 탈 수 있기 때문이다. 그리고 이렇게 배운 자전거로 더 멀리 가려면 튼튼한 체력이 뒷받침되어야 한다.

① 공부를 잘 하려면 지속적으로 해야 한다.
② 체계적인 공부를 위해 시간 관리를 잘 해야 한다.
③ 스스로 공부할 수 있도록 도움을 받는 것도 필요하다.
④ 목표를 달성할 때까지 공부하려면 건강을 잘 돌봐야 한다.
⑤ 공부가 중단되지 않게 하려면 취약한 부분을 보완해야 한다.

 ② 제시문에서는 '시간 관리'를 이끌어 낼 수 있는 내용이나 근거가 제시되지 않았다.
① 멈추지 않고 계속 앞으로 가야한다는 내용을 통해 이끌어 낼 수 있다.
③ 자전거를 처음 배울 때는 누군가 뒤에서 잡아 주는 것이 효율적이라는 내용을 통해 이끌어 낼 수 있다.
④ 더 멀리 있는 목적지를 가기 위해선 튼튼한 체력이 뒷받침되어야 한다는 내용을 통해 이끌어 낼 수 있다.
⑤ 자전거가 기울어지는 쪽으로 핸들의 방향을 틀어야 한다는 내용을 통해 이끌어 낼 수 있다.

Answer → 5.⑤ 6.②

7 다음 글에서 제시하고 있는 '융합'의 사례로 보기 어려운 것은?

> 1980년 이후에 등장한 과학기술 분야의 가장 강력한 트렌드는 컨버전스, 융합, 잡종의 트렌드이다. 기존의 분야들이 합쳐져서 새로운 분야가 만들어지고, 이렇게 만들어진 몇 가지 새로운 분야가 또 합쳐져서 시너지 효과를 낳는다. 이러한 트렌드를 볼 때 미래에는 과학과 기술, 순수과학과 응용과학의 경계가 섞이면서 새롭게 만들어진 분야들이 연구를 주도한다는 것이다. 나노과학기술, 생명공학, 물질공학, 뇌과학, 인지과학 등이 이러한 융합의 예이다. 연구대학과 국립연구소의 흥망성쇠는 이러한 융합의 경향에 기존의 학문 분과 제도를 어떻게 잘 접목시키느냐에 달려 있다.
>
> 이러한 융합은 과학기술 분야 사이에서만이 아니라 과학기술과 다른 문화적 영역에서도 일어난다. 과학기술과 예술, 과학기술과 철학, 과학기술과 법 등 20세기에는 서로 별개의 영역 사이의 혼성이 강조될 것이다. 이는 급격히 바뀌는 세상에 대한 새로운 철학과 도덕, 법률의 필요성에서 기인한다. 인간의 유전자를 가진 동물이 만들어지고, 동물의 장기가 인간의 몸에 이식도 되고 있다. 생각만으로 기계를 작동시키는 인간-기계의 인터페이스도 실험의 수준을 지나 곧 현실화되는 단계에 와 있다. 인간-동물-기계의 경계가 무너지는 세상에서 철학, 법, 과학 기술의 경계도 무너지는 것이다. 20년 후 과학기술의 세부 내용을 지금 예측하기는 쉽지 않다. 하지만 융합 학문과 학제 간 연구의 지배적 패러다임화, 과학과 타 문화의 혼성화, 사회를 위한 과학 기술의 역할 증대, 국제화와 합동 연구의 증가라는 트렌드는 미래 과학 기술을 특징짓는 뚜렷한 트렌드가 될 것이다.. 그리고 이렇게 배운 자전거로 더 멀리 가려면 튼튼한 체력이 뒷받침되어야 한다.

① 유전공학, 화학 독성물, 태아 권리 등의 법적 논쟁에 대한 날카로운 분석을 담은 책
② 과학자들이 이룬 연구 성과들이 어떻게 재판의 사실 인정 기준에 영향을 주는가를 탐색하고 있는 책
③ 과학기술과 법이 만나고 충돌하는 지점들을 탐구하고, 미래의 지속가능한 사회를 위한 둘 사이의 새로운 관계를 제시한 책
④ 과학은 신이 부여한 자연법칙을 발견하는 것이며, 사법 체계도 보편적인 자연법의 토대 위에 세워진 것이라는 주장을 펴는 책
⑤ 과학자는 과학의 발전 외에 인류의 행복이나 복지 등에는 그리 관심이 많지 않다는 전제 하에 과학 기술에 대해 평가할 수 있도록 법조인에게 과학 교육이 필요함을 주장한 책

(Tip) ④ 제시문에서 '융합'은 '경계가 섞이면서 새로운 분야를 만들어내는 것'이라고 하였지만 ④에서는 기존의 '자연법에 과학과 사법을 묶은 것이라고 보고 있으므로 옳지 않다.

8 다음 글의 중심내용으로 가장 적절한 것은?

> 행랑채가 퇴락하여 지탱할 수 없게끔 된 것이 세 칸이었다. 나는 마지못하여 이를 모두 수리하였다. 그런데 그중의 두 칸은 앞서 장마에 비가 샌 지가 오래되었으나, 나는 그것을 알면서도 이럴까 저럴까 망설이다가 손을 대지 못했던 것이고, 나머지 한 칸은 비를 한 번 맞고 샜던 것이라 서둘러 기와를 갈았던 것이다. 이번에 수리하려고 본즉 비가 샌 지 오래된 것은 그 서까래, 추녀, 기둥, 들보가 모두 썩어서 못 쓰게 되었던 까닭으로 수리비가 엄청나게 들었고, 한 번밖에 비를 맞지 않았던 한 칸의 재목들은 완전하여 다시 쓸 수 있었던 까닭으로 그 비용이 많이 들지 않았다.
> 나는 이에 느낀 것이 있었다. 사람의 몸에 있어서도 마찬가지라는 사실을. 잘못을 알고서도 바로 고치지 않으면 곧 그 자신이 나쁘게 되는 것이 마치 나무가 썩어서 못 쓰게 되는 것과 같으며, 잘못을 알고 고치기를 꺼리지 않으면 해(害)를 받지 않고 다시 착한 사람이 될 수 있으니, 저 집의 재목처럼 말끔하게 다시 쓸 수 있는 것이다. 뿐만 아니라 나라의 정치도 이와 같다. 백성을 좀먹는 무리들을 내버려두었다가는 백성들이 도탄에 빠지고 나라가 위태롭게 된다. 그런 연후에 급히 바로잡으려 하면 이미 썩어 버린 재목처럼 때는 늦은 것이다. 어찌 삼가지 않겠는가.

① 모든 일에 기초를 튼튼히 해야 한다.
② 청렴한 인재 선발을 통해 정치를 개혁해야 한다.
③ 잘못을 알게 되면 바로 고쳐 나가는 자세가 중요하다.
④ 훌륭한 위정자가 되기 위해서는 매사 삼가는 태도를 지녀야 한다.
⑤ 모든 일에는 순서가 있는 법이다.

 첫 번째 문단에서 문제를 알면서도 고치지 않았던 두 칸을 수리하는 데 수리비가 많이 들었고, 비가 새는 것을 알자마자 수리한 한 칸은 비용이 많이 들지 않았다고 하였다. 또한 두 번째 문단에서 잘못을 알면서도 바로 고치지 않으면 자신이 나쁘게 되며, 잘못을 알자마자 고치기를 꺼리지 않으면 다시 착한 사람이 될 수 있다하며 이를 정치에 비유해 백성을 좀먹는 무리들을 내버려 두어서는 안 된다고 서술하였다. 따라서 글의 중심내용으로는 잘못을 알게 되면 바로 고쳐 나가는 것이 중요하다가 적합하다.

9 다음 글의 제목으로 가장 적절한 것은?

> 어느 대학의 심리학 교수가 그 학교에서 강의를 재미없게 하기로 정평이 나 있는, 한 인류학 교수의 수업을 대상으로 실험을 계획했다. 그 심리학 교수는 인류학 교수에게 이 사실을 철저히 비밀로 하고, 그 강의를 수강하는 학생들에게만 사전에 몇 가지 주의 사항을 전달했다. 첫째, 그 교수의 말 한 마디 한 마디에 주의를 집중하면서 열심히 들을 것. 둘째, 얼굴에는 약간 미소를 띠면서 눈을 반짝이며 고개를 끄덕이기도 하고 간혹 질문도 하면서 강의가 매우 재미있다는 반응을 겉으로 나타내며 들을 것.
>
> 한 학기 동안 계속된 이 실험의 결과는 흥미로웠다. 우선 재미없게 강의하던 그 인류학 교수는 줄줄 읽어 나가던 강의 노트에서 드디어 눈을 떼고 학생들과 시선을 마주치기 시작했고 가끔씩은 한두 마디 유머 섞인 농담을 던지기도 하더니, 그 학기가 끝날 즈음엔 가장 열의 있게 강의하는 교수로 면모를 일신하게 되었다. 더욱 더 놀라운 것은 학생들의 변화였다. 처음에는 실험 차원에서 열심히 듣는 척하던 학생들이 이 과정을 통해 정말로 강의에 흥미롭게 참여하게 되었고, 나중에는 소수이긴 하지만 아예 전공을 인류학으로 바꾸기로 결심한 학생들도 나오게 되었다.

① 학생 간 의사소통의 중요성
② 교수 간 의사소통의 중요성
③ 언어적 메시지의 중요성
④ 공감하는 듣기의 중요성
⑤ 실험정신의 중요성

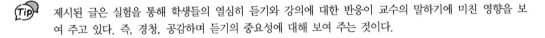

　　제시된 글은 실험을 통해 학생들의 열심히 듣기와 강의에 대한 반응이 교수의 말하기에 미친 영향을 보여 주고 있다. 즉, 경청, 공감하며 듣기의 중요성에 대해 보여 주는 것이다.

10 글의 앞뒤 내용을 바탕으로, (가)~(라)를 논리적 흐름이 자연스럽게 배열한 것은?

> 이십 세기 한국 지성인의 지적 행위는 그들이 비록 한국인이라는 동양 인종의 피를 받고 있음에도 불구하고 대체적으로 서양이 동양을 해석하는 그러한 틀 속에서 이루어졌다.
>
> > (가) 그러나 그 역방향 즉 동양이 서양을 해석하는 행위는 실제적으로 부재해 왔다. 이러한 부재 현상의 근본 원인은 매우 단순한 사실에 기초한다.
> > (나) 동양이 서양을 해석한다고 할 때에 그 해석학적 행위의 주체는 동양이어야만 한다.
> > (다) '동양은 동양이다.'라는 토톨러지(tautology)나 '동양은 동양이어야 한다.'라는 당위 명제가 성립하기 위해서는 동양인인 우리가 동양을 알아야 한다.
> > (라) 그럼에도 우리는 동양을 너무도 몰랐다. 동양이 왜 동양인지, 왜 동양이 되어야만 하는지 아무도 대답을 할 수가 없었다.
>
> 동양은 버려야 할 그 무엇으로서만 존재 의미를 지녔다. 즉, 서양의 해석이 부재한 것이 아니라 서양을 해석할 동양이 부재했다.

① (가) − (나) − (다) − (라)   ② (나) − (다) − (라) − (가)

③ (다) − (라) − (가) − (나)   ④ (라) − (가) − (나) − (다)

⑤ (다) − (나) − (가) − (라)

 첫 문장에서 서양에 의한 동양의 해석이 나타나고 있고 그 이후에는 동양이 서양을 해석하는 것의 부재에 대해 서술하고 있으므로 (가) '그러나' 이후의 문장으로 반론을 제시하고 (가)에서 말한 동양이 서양을 해석하는 행위의 주체는 동양이어야 한다고 자연스럽게 (나)로 이어진다. (라)의 '그럼에도'는 (다)의 '~ 알아야 한다'와 자연스럽게 이어지므로 글의 순서는 (가) − (나) − (다) − (라)가 옳다.

11 다음 글의 중심 화제로 가장 적절한 것은?

> 　마지막으로 전문적 읽기가 있다. 이는 직업이나 학업과 관련하여 전문적으로 글을 읽는 방법을 말하는데, 주제 통합적 독서와 과정에 따른 독서가 여기에 포함된다. 주제 통합적 독서는 어떤 문제를 해결하려고 주제와 관련된 다양한 글을 서로 비교하여 읽고 자신의 관점을 정리하는 것을 말한다. 보고서를 쓰려고 주제와 관련된 여러 자료를 서로 비교하면서 읽는 것을 그 예로 들 수 있다.
> 　과정에 따른 독서는 '훑어보기, 질문 만들기, 읽기, 확인하기, 재검토하기' 등과 같은 순서로 읽는 방법을 말한다. 훑어보기 단계에서는 제목이나 목차, 서론, 결론, 삽화 등을 보고 내용을 예측하면서 대략적으로 훑어본다. 질문하기 단계에서는 훑어보기를 바탕으로 궁금하거나 알고 싶은 내용들을 스스로 질문한다. 질문은 육하원칙(누가, 무엇을, 언제, 어디서, 왜, 어떻게)을 활용하고, 메모해 두는 것이 좋다. 읽기 단계에서는 훑어보기와 질문하기 내용을 염두에 두고 실제로 글을 읽어 나간다. 확인하기 단계에서는 앞의 질문하기 단계에서 제기한 질문들에 대한 내용을 확인하거나 메모한다. 재검토하기 단계에서는 지금까지 진행한 모든 단계들을 종합하여 주요 내용들을 재검토하여 정리하고 확인한다.

① 읽기의 계획과 검토 방법
② 독서의 개념과 원리
③ 질문의 원칙과 절차
④ 전문적 읽기 방법
⑤ 메모의 장점

 글 첫머리에서 전문적 읽기에 주제 통합적 독서와 과정에 따른 독서가 있다고 언급하고 두 가지 독서 방법에 대해 설명하고 있다.

12 다음 글의 내용과 일치하지 않는 것은?

> 세상에 개미가 얼마나 있을까를 연구한 학자가 있습니다. 전 세계의 모든 개미를 일일이 세어 본 절대적 수치는 아니지만 여기저기서 표본 조사를 하고 수없이 곱하고 더하고 빼서 나온 숫자가 10의 16제곱이라고 합니다. 10에 영이 무려 16개가 붙어서 제대로 읽을 수조차 없는 숫자가 되고 맙니다.
>
> 전 세계 인구가 65억이라고 합니다. 만약 아주 거대한 시소가 있다고 했을 때 한쪽에는 65억의 인간이, 한쪽에는 10의 16제곱이나 되는 개미가 모두 올라탄다고 생각해 보십시오. 개미와 우리 인간은 함께 시소를 즐길 수 있습니다.
>
> 이처럼 엄청난 존재가 개미입니다. 도대체 어떻게 개미가 이토록 생존에 성공할 수 있었을까요? 그건 바로 개미가 인간처럼 협동할 수 있는 존재라서 그렇습니다. 협동만큼 막강한 힘을 보여 줄 수 있는 것은 없습니다.
>
> 하나만 예를 들겠습니다. 열대에 가면 수많은 나무들이 조금이라도 더 햇볕을 받으려고 서로 얽히고설켜 빽빽하게 서 있습니다. 이 나무들 중에 개미가 집을 짓고 사는 아카시아 나무가 있는데 자그마치 6천만 년 동안이나 개미와 공생을 해 왔습니다. 아카시아 나무는 개미에게 필요한 집은 물론 탄수화물과 단백질 등 영양분도 골고루 제공하는 대신, 개미는 반경 5미터 내에 있는 다른 식물들을 모두 제거해 줍니다. 대단히 놀라운 일이죠. 이처럼 개미는 많은 동식물과 서로 밀접한 공생 관계를 맺으며 오랜 세월을 살아온 것입니다.
>
> 진화 생물학은 자연계에 적자생존의 원칙이 존재한다고 말합니다. 하지만 적자생존이란 어떤 형태로든 잘 살 수 있는, 적응을 잘하는 존재가 살아남는다는 것이지 꼭 남을 꺾어야만 한다는 뜻은 아닙니다. 그동안 우리는 자연계의 삶을 경쟁 일변도로만 보아온 것 같습니다. 자연을 연구하는 생태학자들도 십여 년 전까지는 이것이 자연의 법칙인 줄 알았습니다. 그런데 이 세상을 둘러보니 살아남은 존재들은 무조건 전면전을 벌이면서 상대를 꺾는 데만 주력한 생물이 아니라 자기 짝이 있는, 서로 공생하면서 사는 종(種)이라는 사실을 발견한 것입니다.

① 개미는 협동하는 능력을 지니고 있다.
② 아카시아 나무와 개미는 공생 관계에 있다.
③ 자연계에서는 적응을 잘하는 존재가 살아남는다.
④ 적자생존이란 반드시 남을 꺾는 것만을 의미한다.
⑤ 10의 16제곱이라는 개미의 수는 절대적인 수치는 아니다.

(Tip) ④ 마지막 문단 두 번째 문장에서 '적자생존이란 어떤 형태로든 잘 살 수 있는, 적응을 잘하는 존재가 살아남는다는 것이지 꼭 남을 꺾어야만 한다는 뜻은 아닙니다.'라고 언급하고 있다.

Answer ↪ 11.④ 12.④

┃13~14┃ 다음 글을 읽고 이어지는 물음에 답하시오.

키르케의 섬에 표류한 오디세우스의 부하들은 키르케의 마법에 걸려 변신의 형벌을 받았다. 변신의 형벌이란 몸은 돼지로 바뀌었지만 정신은 인간의 것으로 남아 자신이 돼지가 아니라 인간이라는 기억을 유지해야 하는 형벌이다. 그 기억은, 돼지의 몸과 인간의 정신이라는 기묘한 결합의 내부에 견딜 수 없는 비동일성과 분열이 담겨 있기 때문에 고통스럽다. "나는 돼지이지만 돼지가 아니다, 나는 인간이지만 인간이 아니다."라고 말해야만 하는 것이 비동일성의 고통이다.

바로 이 대목이 현대 사회의 인간을 '물화(物化)'라는 개념으로 파악하고자 했던 루카치를 전율케 했다. 물화된 현대 사회에서 인간 존재의 모습은 두 가지로 갈린다. 먼저 인간은 상품이 되었으면서도 인간이라는 것을 기억하는, 따라서 현실에서 소외당한 자신을 회복하려는 가혹한 노력을 경주해야 하는 존재이다. 자신이 인간이라는 점을 기억하고 있지 않다면 그에게 구원은 구원이 아닐 것이므로, 인간이라는 본질을 계속 기억하는 일은 그에게 구원의 첫째 조건이 된다. 키르케의 마법으로 변신의 계절을 살고 있지만, 자신이 기억을 계속 유지하면 그 계절은 영원하지 않을 것이라는 희망을 가질 수 있다. 그는 소외 없는 저편의 세계, 구원과 해방의 순간을 기다린다.

반면 망각의 전략을 선택하는 자는 자신이 인간이었다는 기억 자체를 포기하는 인간이다. 그는 구원을 위해 기억에 매달리지 않는다. 그는 그에게 발생한 변화를 받아들이고 그것을 새로운 현실로 인정하며 그 현실에 맞는 새로운 언어를 얻기 위해 망각의 정치학을 개발한다. 망각의 정치학에서는 인간이 고유의 본질을 갖고 있다고 믿는 것 자체가 현실적인 변화를 포기하는 것이 된다. 일단 키르케의 돼지가 된 자는 인간 본질을 붙들고 있는 한 새로운 변화를 꾀할 수 없다.

키르케의 돼지는 자신이 인간이었다는 기억을 망각하고 포기할 때 새로운 존재로 탄생할 수 있겠지만, 바로 그 때문에 그는 소외된 현실이 가져다주는 비참함으로부터 눈을 돌리게 된다. 대중소비를 신성화하는 대신 왜곡된 현실에는 관심을 두지 않는다고 비판받았던 1960년대 팝아트 예술은 망각의 전략을 구사하는 키르케의 돼지들이다.

13 다음 중 글의 내용에 따라 합리적인 의견 제기를 했다고 볼 수 없는 사람은?

① 유진 : 변신의 형벌은 비동일성의 고통을 견뎌야 하는 형벌이라 끔찍한 거야.

② 애신 : 자신의 존재를 기억하고 있는 것은 고통의 기원이 되지만 구원의 조건이기도 해.

③ 희성 : 현실을 받아들이는 것도 하나의 전략이라고 할 수 있어. 나라면 그게 편할 것 같아.

④ 차현 : 그래 맞아. 새로운 현실을 인정하고 변화를 받아들이다보면 곧 구원의 기회가 올 거야. 그 때를 놓쳐선 안 돼.

⑤ 한결 : 자신의 존재를 잊고 새로운 존재로 탄생한다고 해도 그것이 본질적으로 문제를 해결한 것이라고 볼 순 없어.

 ④ 새로운 현실을 받아들이면 비동일성의 고통에서는 벗어날 수 있어도 현실적인 변화를 포기하게 된다. 본질을 잊은 순간부터 구원은 더 이상 의미가 없으므로 구원의 기회를 기다리지 않는다.

14 윗글에서 필자가 주장하는 내용과 견해가 일치하는 것은?

① 현대 사회는 물화되었고 그 속에 살아가는 인간은 현실에서 소외당했다는 사실에 절망한다.

② 인간의 본질을 기억할 수 있는 것 자체가 계층의 특권이다.

③ 인간은 자신의 본성에 따라 구원과 해방을 추구할 수밖에 없다.

④ 망각의 전략은 인간을 피폐하게 하며 망각에 들어서면 인간은 구원을 희망한다.

⑤ 60년대 팝아트 예술은 대중소비를 예술화하는 대신 현실의 문제를 외면하게 만들었다.

 ⑤ 글의 마지막에 60년대 팝아트 예술은 망각의 전략을 구사하여 대중소비를 신성화하고 왜곡된 현실에는 관심을 두지 않는다는 문장에서 알 수 있다.
① 현대 사회에서 인간은 스스로 상품화 되었으면서 현실에서 소외당한 자신을 회복하려는 가혹한 노력을 경주하거나 이를 받아들인다고 말하고 있으므로 현실에 절망한다고 볼 수 없다.
②③ 계층이나 본성에 대한 이야기는 언급되지 않았다.
④ 망각을 통해 현실을 받아들이며 고통에서 벗어날 수는 있지만 구원은 포기하게 된다.

Answer → 13.④ 14.⑤

연금술은 일련의 기계적인 속임수나 교감적 마술에 대한 막연한 믿음 이상의 인간 행위다. 출발에서부터 그것은 세계와 인간 생활을 관계 짓는 이론이었다. 물질과 과정, 원소와 작용 간의 구분이 명백하지 않았던 시대에 연금술이 다루는 원소들은 인간성의 측면들이기도 했다.

당시 연금술사의 관점에서 본다면 인체라는 소우주와 자연이라는 대우주 사이에는 일종의 교감이 있었다. 대규모의 화산은 일종의 부스럼과 같고 폭풍우는 왈칵 울어대는 동작과 같았다. 연금술사들은 두 가지 원소가 중요하다고 보았다. 그 중 하나가 수은인데, 수은은 밀도가 높고 영구적인 모든 것을 대표한다. 또 다른 하나는 황으로, 가연성이 있고 비영속적인 모든 것을 표상한다. 이 우주 안의 모든 물체들은 수은과 황으로 만들어졌다. 이를테면 연금술사들은 알 속의 배아에서 뼈가 자라듯, 모든 금속들은 수은과 황이 합성되어 자라난다고 믿었다. 그들은 그와 같은 유추를 진지한 것으로 여겼는데, 이는 현대 의학의 상징적 용례에 그대로 남아 있다.

우리는 지금도 여성의 기호로 연금술사들의 구리 표시, 즉 '부드럽다'는 뜻으로 '비너스'를 사용하고 있다. 그리고 남성에 대해서는 연금술사들의 철 기호, 즉 '단단하다'는 뜻으로 '마르스'를 사용한다. 모든 이론이 그렇듯이 연금술은 당시 그 시대의 문제를 해결하기 위한 노력의 산물이었다. 1500년경까지는 모든 치료법이 식물 아니면 동물에서 나와야 한다는 신념이 지배적이었기에 의학 문제들은 해결을 보지 못하고 좌초해 있었다. 그때까지 의약품은 대체로 약초에 의존하였다. 그런데 연금술사들은 거리낌 없이 의학에 금속을 도입했다. 예를 들어 유럽에 창궐한 매독을 치료하기 위해 대단히 독창적인 치료법을 개발했는데, 그 치료법은 연금술에서 가장 강력한 금속으로 간주된 수은을 바탕으로 하였다.

15 윗글에서 알 수 있는 내용으로 적절하지 않은 것은?

① 연금술은 인간성의 측면에서 원소를 다루었다.

② 대부분의 질병에는 수은을 사용한 치료법이 사용되었다.

③ 인간을 치료하는데 금속을 사용했다.

④ 우리는 지금도 연금술사들의 기호를 사용하고 있다.

⑤ 인체는 소우주와 대우주 사이의 일종의 교감이었다.

> (Tip) ② 연금술사들이 의학에 금속을 도입하여 수은을 매독의 치료법으로 사용했지만 대부분의 질병에 수은을 사용했는지는 알 수 없다.

16 윗글을 바탕으로 연금술에 대해 이해한 내용으로 적절하지 않은 것은?

① 연금술사의 관점에서 화산은 일종의 부스럼, 폭풍우는 왈칵 울어대는 동작과 같다.

② 연금술은 단순한 속임수나 마술을 넘어선 믿음 이상의 인간 행위이다.

③ 연금술사들은 수은과 황으로 우주안의 모든 물체들을 표현할 수 있다고 믿었다.

④ 연금술에 따르면 구리는 수은과 황으로 이루어진 금속이다.

⑤ 연금술이 유행하던 시대에는 연금술의 일종인 약초를 이용한 치료법이 성행했다.

> (Tip) 약초를 이용한 치료법은 당대에 주로 사용되던 치료법이었고 연금술사들은 의학에 금속을 도입하였다.

Answer┌→ 15.② 16.⑤

가장 흔히 볼 수 있는 거미줄의 형태는 중심으로부터 ⊙방사형으로 뻗어 나가는 둥근 그물로, 짜임이 어찌나 완벽한지 곤충의 입장에서는 마치 빽빽하게 쳐 놓은 튼튼한 고기잡이 그물과 다름없다. 이 둥근 그물을 짜기 위해 거미는 먼저 두 물체 사이를 팽팽하게 이어주는 '다리실'을 만든다. 그다음 몇 가닥의 실을 뽑아내 별 모양으로 주변 사물들과 중심부를 연결한다.

두 번째 작업으로, 거미는 맨 위에 설치한 다리실에서부터 실을 뽑아내 거미줄의 가장자리 틀을 완성한다. 그런 후 중심과 가장자리 사이를 왔다갔다하며 세로줄을 친다. 세 번째 작업은 ⓛ임시 가로줄을 치는 것이다. 이 가로줄은 거미가 돌아다닐 때 발판으로 쓰기 위한 것이기 때문에 점성이 없어 달라붙지 않고 튼튼하다. 나중에 거미줄을 완성하고 쓸모가 없어지면 다니면서 먹어 치웠다가 필요할 때 다시 뽑아내 재활용한다.

마지막으로 영구적이고 끈끈한 가로줄을 친다. 중심을 향해 가로줄을 친 후 다시 바깥쪽으로 꼼꼼히 치기도 하면서 끈끈하고 ⓒ탄력 있는 사냥용 거미줄을 짠다. 거미는 돌아다닐 때 이 가로줄을 밟지 않으려고 각별히 조심한다고 한다. 거미의 발끝에 기름칠이 되어 있어 이 실에 달라붙지 않는다는 설도 있다. 이렇게 거미줄을 완성하면 거미는 가만히 앉아 먹잇감을 기다리기만 하면 된다. 거미줄을 완성하는 데 걸리는 시간은 한 시간 반이 안 되며 사용되는 실의 길이는 최대 30미터다.

거미줄은 거미와 곤충 사이에 벌어지는 끊임없는 ⓔ생존 경쟁이 낳은 진화의 산물이다. 일례로 그물을 이루는 견사(실)는 눈에 거의 띄지 않게끔 진화했다. 그래서 1초에 자기 몸길이의 57배만큼 날아가는 초파리의 경우, 몸길이의 세 배 거리까지 접근하기 전에는 눈앞의 재앙을 ⓜ감지하지 못한다.

17 윗글을 통해 알 수 있는 내용으로 적절하지 않은 것은?

① 거미줄 치기의 첫 번째 작업은 다리실을 만드는 것이다.

② 거미는 이동을 위해 점성이 없는 임시 가로줄을 친다.

③ 사냥용 거미줄은 거미가 돌아다닐 때 발판으로 쓰인다.

④ 거의 눈에 띄지 않는 거미줄은 생존을 위해 진화된 결과이다.

⑤ 초파리의 몸길이가 1mm라면, 거미줄이 3mm 이내에 접근해야 감지할 수 있다.

> (Tip) 세 번째 문단에 따르면 거미는 돌아다닐 때 사냥용 거미줄인 가로줄을 밟지 않으려고 각별히 조심한다. 따라서 ③은 적절하지 않다.

18 ㉠~㉤의 사전적 의미로 적절하지 않은 것은?

① ㉠ 방사형 : 중앙의 한 점에서 사방으로 뻗어나간 모양

② ㉡ 임시 : 미리 얼마 동안으로 정하지 않은 잠시 동안

③ ㉢ 탄력 : 용수철처럼 튀거나 팽팽하게 버티는 힘

④ ㉣ 생존 : 살아남음

⑤ ㉤ 감지 : 감추어진 사실을 깊이 살피어 조사하는 것

> (Tip) ㉤ 감지(感知)는 '느끼어 앎'이라는 의미이다.

Answer↲ 17.③ 18.⑤

한 언어의 어휘 체계는 크게 고유어와 외래어로 나눌 수 있다. 고유어는 그 언어가 본래부터 가지고 있던 어휘이며 외래어는 다른 언어에서 받아들인 어휘이다. 즉 외래어란 외국어 중에서 국어에 동화되어 국어로 사용되는 어휘들을 이른다. 외래어에 대한 이 풀이 속에는 외래어의 중요한 특징 두 가지가 포함되어 있다. 하나는 외래어가 국어에 본래부터 있던 어휘가 아니라 외국어에서 들어온 말이라는 것이고, 다른 하나는 국어 생활 속에 쓰이면서부터는 외국어가 아니라 국어에 속한다는 것이다.

외래어는 어떤 과정을 통해서 들어왔는가? 외래어는 외국 문화와의 접촉에서 생겨난다. 이 세상 어떤 민족도 주변의 다른 문화와 단절된 채 살아갈 수는 없으므로 모든 민족, 모든 문화는 많든 적든 외래 문물을 받아들이게 된다. 어떤 사회에 주변의 다른 문화로부터 새로운 문물이나 제도가 들어오면 그것을 지시하는 말이 필요하게 되는데, 대개는 새로운 문물과 함께 그것을 지시하는 말도 따라 들어오게 된다. 예를 들어 '컴퓨터'라는 물건이 우리나라에 들어올 때, 그것을 지시하는 'Computer'라는 말도 함께 들어와서 우리말의 외래어로 정착하게 된 것이다. 또한 컴퓨터가 급속히 보급되면서 컴퓨터를 이용한 통신이 활발히 이루어짐에 따라 '이메일(e-mail)', '인터넷(internet)' 같은 통신 관련 용어들이 우리 주변에서 흔히 접할 수 있는 외래어가 되었다.

외래어는 대개 다음의 과정을 거치면서 우리말에 정착된다. 먼저 어떤 하나의 외국어가 우리말에 유입되면, 그것은 얼마 동안 발음이나 의미 모두 본래의 외국어 모습 그대로를 유지한 채 쓰이게 된다. 그러다가 점차 언중(言衆)들이 사용하는 빈도가 높아지게 되면, 발음이나 형태 등이 국어와 상당히 비슷한 모습으로 변하게 되는데, 이것을 차용어라고 한다. 이후 이것이 우리 생활 속에 자리 잡으면, 본래 그것의 언어적 특징을 잃어버리고 우리말의 체계 속에 들어와 완전히 정착하게 된다. 이러한 단계에 이른 외래어를 귀화어라고 하는데, 이것은 우리말의 고유어와 다름없이 쓰이는 말들이다.

일반적으로 사람들이 외래어라고 인식하는 것들은 차용어에 속하는 어휘들이며, 20세기 이후에 주로 영어 등 서양의 언어에서 들어온 말들이 대부분이다. 반면, 귀화어에 속하는 어휘들은 우리말에 들어온 지 오래되어 사람들이 외래어라는 생각을 하지 못하고 사용하는 경우가 많다. 그 예로 대부분의 한자어를 들 수 있다. 국어 어휘의 약 60% 정도를 차지한다고 하는 한자어들도 엄밀히 따지면 먼 옛날 중국어로부터 들어온 외래어들이다. 또한, '붓(←중국어 筆)', '고무(← 프랑스어 gomme)', '가방(← 네덜란드어 kabas)', '빵(← 포르투갈어 pão)' 등도 외래어라고 하면 의아하게 생각하는 사람이 많겠지만, 사실 이 어휘도 우리 고유어가 아닌 외국에서 들어온 말들이다.

이론적으로는 외래어가 외국어와 구분되는 것으로 보이지만 실제로는 구분이 쉽지 않다. 특정 단어가 외래어인지 외국어인지에 대한 판단은 외국어에 대한 지식의 정도나 개인이 가지고 있는 직업 또는 관심사 등에 따라서도 달라질 수 있기 때문이다. 예를 들어 '텔레비전', '라디오', '커피', '피아노' 등의 어휘는 누구든지 외래어로 인정하지 않을 수 없겠지만, '보스(boss)', '오너(owner)', '루머(rumor)', '비전(vision)' 등에 대해서는 사람마다 생각이 다를 수 있을 것이다. 실제로 이런 어휘들은 국어사전에 따라 표제어로 실리기도 하고 그렇지 않기도 한다.

19 다음 중 위 글에서 확인할 수 없는 것은 무엇인가?

① 외래어의 개념
② 외래어의 특징
③ 외래어의 정착 과정
④ 외래어의 수용 방안
⑤ 외래어의 구체적인 예

 ①은 첫째, 둘째 문단에서, ②는 첫째 문단의 내용을 통해, ③은 셋째 문단에서, ⑤는 둘째, 넷째, 다섯째 문단에서 확인할 수 있다. 그러나 ④는 어디에도 나타나 있지 않다.

20 위 글로 미루어 알 수 있는 내용으로 적절하지 않은 것을 고르면?

① 외래어는 본래 발음이나 형태가 달라질 수 있다.
② 유입된 시기가 오래된 외래어는 고유어로 착각할 수 있다.
③ 고유어만으로 이루어진 언어는 현실적으로 존재할 수 없다.
④ 외래어라고 판단할 수 있는 객관적 기준은 마련되어 있지 않다.
⑤ 누구나 외래어라고 인정한 어휘만이 국어사전에 오를 수 있다.

 마지막 문단의 내용 중 특정 단어가 '외래어인지 외국어인지에 대한 판단은 개인의 직업 또는 관심사에 따라 달라질 수 있어 그 구분이 쉽지 않다.'고 했으므로, ④와 같이 객관적인 구분 기준은 없다고 할 수 있다. 그리고 '보스', '오너' 등의 단어는 실제로 '국어사전에 따라 표제어로 실리기도 하고 실리지 않기도 한다.'라고 했으므로 ⑤는 잘못된 진술이다.

Answer↪ 19.④ 20.⑤

21 다음의 업무제휴협약서를 보고 이해한 내용을 기술한 것 중 가장 적절하지 않은 것을 고르면?

〈업무제휴협약〉

㈜○○○과 ★★ CONSULTING(이하 ★★)는 상호 이익 증진을 목적으로 신의성실의 원칙에 따라 다음과 같이 업무협약을 체결합니다.

1. 목적

양사는 각자 고유의 업무영역에서 최선을 다하고 영업의 효율적 진행과 상호 관계의 증진을 통하여 상호 발전에 기여하고 편의를 적극 도모하고자 한다.

2. 업무내용

① ㈜○○○의 A제품 관련 홍보 및 판매

② ★★ 온라인 카페에서 A제품 안내 및 판매

③ A제품 관련 마케팅 제반 정보 상호 제공

④ A제품 판매에 대한 합의된 수수료 지급

⑤ A제품 관련 무료 A/S 제공

3. 업체상호사용

양사는 업무제휴의 목적에 부합하는 경우에 한하여 상대의 상호를 마케팅에 사용 가능하나 사전에 협의된 내용을 변경할 수 없다.

4. 공동마케팅

양사는 상호 이익 증진을 위하여 공동으로 마케팅을 할 수 있다. 공동마케팅을 필요로 할 경우 그 일정과 방법을 상호 협의하여 진행하여야 한다.

5. 협약기간

본 협약의 유효기간은 1년으로 하며, 양사는 매년 초 상호 합의에 의해 유효기간을 1년 단위로 연장할 수 있고 필요 시 업무제휴 내용의 변경이 가능하다.

6. 기타사항

① 양사는 본 협약의 권리의무를 타인에게 양도할 수 없다.

② 양사는 상대방의 상호, 지적재산권 및 특허권 등을 절대 보장하며 침해할 수 없다.

③ 양사는 업무제휴협약을 통해 알게 된 정보에 대해 정보보안을 요청할 경우, 대외적으로 비밀을 유지하여야 한다.

2018년 1월 1일

㈜○○○
대표이사 김XX

★★ CONSULTING
대표이사 이YY

① 해당 문서는 두 회사의 업무제휴에 대한 전반적인 사항을 명시하기 위해 작성되었다.

② ★★은 자사의 온라인 카페에서 ㈜○○○의 A제품을 판매하고 이에 대해 합의된 수수료를 지급 받는다.

③ ★★은 업무 제휴의 목적에 부합하는 경우에 ㈜○○○의 상호를 마케팅에 사용할 수 있으며 사전에 협의된 내용을 변경할 수 있다.

④ 협약기간에 대한 상호 합의가 없다면, 본 계약은 2018년 12월 31일부로 만료된다.

⑤ ★★은 ㈜○○○의 지적재산권 및 특허권을 절대 보장하며 침해할 수 없다.

(Tip) '3. 업체상호사용' 항목에 따르면, 양사는 업무제휴의 목적에 부합하는 경우에 한하여 상대의 상호를 마케팅에 사용 가능하나 사전에 협의된 내용을 변경할 수는 없다.

Answer↪ 21.③

22 다음은 항공보안 자율신고제도의 FAQ이다. 잘못 이해한 사람은?

Q 누가 신고하나요?

A 누구든지 신고할 수 있습니다.
- 승객(공항이용자) : 여행 중에 항공보안에 관한 불편사항 및 제도개선에 필요한 내용 등을 신고해 주세요.
- 보안업무 종사자 : 업무 수행 중에 항공보안 위해요인 및 항공보안을 해칠 우려가 있는 사항 등을 신고해 주세요.
- 일반업무 종사자 : 공항 및 항공기 안팎에서 업무 수행 중에 항공보안 분야에 도움이 될 사항 등을 신고해 주세요.

Q 무엇을 신고하나요?

A 항공보안 관련 내용은 무엇이든지 가능합니다.
- 항공기내 반입금지 물품이 보호구역(보안검색대 통과 이후 구역) 또는 항공기 안으로 반입된 경우
- 승객과 승객이 소지한 휴대물품 등에 대해 보안검색이 미흡하게 실시된 경우
- 상주직원과 그 직원이 소지한 휴대물품 등에 대해 보안검색이 미흡하게 실시된 경우
- 검색 받은 승객과 받지 않은 승객이 섞이는 경우
- X-ray 및 폭발물흔적탐지장비 등 보안장비가 정상적으로 작동이 되지 않은 상태로 검색이 된 경우
- 공항운영자의 허가를 받지 아니하고 보호구역에 진입한 경우
- 항공기 안에서의 소란 · 흡연 · 폭언 · 폭행 · 성희롱 등 불법행위가 발생된 경우
- 항공보안 기준 위반사항을 인지하거나 국민불편 해소 및 제도개선이 필요한 경우

Q 신고자의 비밀은 보장되나요?

A 「항공보안법」 제33의2에 따라 다음과 같이 신고자와 신고내용이 철저히 보호됩니다.
- 누구든지 자율신고 내용 등을 이유로 신고자에게 불이익한 조치를 하는 경우 1천만 원 이하 과태료 부과
- 신고자의 의사에 반하여 개인정보를 공개할 수 없으며, 신고내용은 보안사고 예방 및 항공보안 확보 목적 이외의 용도로 사용금지

Q 신고한 내용은 어디에 활용되나요?

A 신고내용은 위험분석 및 평가와 개선대책 마련을 통해 국가항공보안 수준을 향상시키는데 활용됩니다.

Q 마시던 음료수는 보안검색대를 통과할 수 있나요?

A 국제선을 이용하실 때에는 100ml 이하 용기에 한해 투명지퍼백(1L)에 담아야 반입이 가능합니다.

① 甲 : 공항직원이 아니라도 공항이용자라면 누구든지 신고가 가능하군.

② 乙 : 기내에서 담배를 피우는 사람을 발견하면 신고해야겠네.

③ 丙 : 자율신고자에게 불이익한 조치를 하면 1천만 원 이하의 과태료에 처해질 수 있군.

④ 丁 : 500ml 물병에 물이 100ml 이하로 남았을 경우 1L 투명지퍼백에 담으면 국제선에 반입이 가능하네.

⑤ 戊 : 자율신고를 통해 국가항공보안 수준을 향상시키려는 좋은 제도구나.

(Tip) ④ 100ml 이하 용기에 한함으로 500ml 물병에 들어있는 물은 국제선 반입이 불가능하다.

Answer⌐→ 22.④

23 다음 자료는 H전자 50주년 기념 프로모션에 대한 안내문이다. 안내문을 보고 이해한 내용으로 틀린 사람을 모두 고른 것은?

H전자 50주년 기념행사 안내

50년이라는 시간동안 저희 H전자를 사랑해주신 고객여러분들께 감사의 마음을 전하고자 아래와 같이 행사를 진행합니다. 많은 이용 부탁드립니다.

– 아래 –

1. 기간 : 20××년 12월 1일~ 12월 15일
2. 대상 : 전 구매고객
3. 내용 : 구매 제품별 혜택 상이

제품명		혜택	비고
노트북	H-100	• 15% 할인 • 2년 무상 A/S • 사은품 : 노트북 파우치 or 5GB USB(택1)	현금결제 시 할인금액의 5% 추가 할인
	H-105		
세탁기	H 휘롬	• 20% 할인 • 사은품 : 세제 세트, 고급 세탁기커버	전시상품 구매 시 할인금액의 5% 추가 할인
TV	스마트 H TV	• 46in 구매시 LED TV 21.5in 무상 증정	
스마트폰	H-Tab20	• 10만 원 할인(H카드 사용 시) • 사은품 : 샤오밍 10000mAh 보조배터리	–
	H-V10	• 8만 원 할인(H카드 사용 시) • 사은품 : 샤오밍 5000mAh 보조배터리	–

4. 기타 : 기간 내에 H카드로 매장 방문 20만 원 이상 구매고객에게 1만 서비스 포인트를 더 드립니다.
5. 추첨행사 안내 : 매장 방문고객 모두에게 추첨권을 드립니다(1인 1매).

등수	상품
1등상(1명)	H캠-500D
2등상(10명)	샤오밍 10000mAh 보조배터리
3등상(500명)	스타베네 상품권(1만 원)

※ 추첨권 당첨자는 20××년 12월 25일 www.H-digital.co.kr에서 확인하실 수 있습니다.

⊙ 수미 : H-100 노트북을 현금으로 사면 20%나 할인 받을 수 있구나.
ⓒ 병진 : 스마트폰 할인을 받으려면 H카드가 있어야 해.
ⓒ 지수 : 46in 스마트 H TV를 사면 같은 기종의 작은 TV를 사은품으로 준대.
ⓔ 효정 : H전자에서 할인 혜택을 받으려면 H카드나 현금만 사용해야 하나봐.

① 수미   ② 병진, 지수

③ 수미, 효정   ④ 수미, 병진, 효정

⑤ 수미, 지수, 효정

(Tip) ㉠ 15% 할인 후 가격에서 5%가 추가로 할인되는 것이므로 20%보다 적게 할인된다.

㉡ 위 안내문과 일치한다.

㉢ 같은 기종이 아닌 LED TV가 증정된다.

㉣ 노트북, 세탁기, TV는 따로 H카드를 사용해야 한다는 항목이 없으므로 옳지 않다.

Answer ↪ 23.⑤

| 24~25 | 다음은 승강기의 검사와 관련된 안내문이다. 이를 보고 물음에 답하시오.

❑ 근거법령
『승강기시설 안전관리법』제13조 및 제13조의2에 따라 승강기 관리주체는 규정된 기간 내에 승강기의 검사 또는 정밀안전검사를 받아야 합니다.

❑ 검사의 종류

종류	처리기한	내용
완성검사	15일	승강기 설치를 끝낸 경우에 실시하는 검사
정기검사	20일	검사유효기간이 끝난 이후에 계속하여 사용하려는 경우에 추가적으로 실시하는 검사
수시검사	15일	승강기를 교체·변경한 경우나 승강기에 사고가 발생하여 수리한 경우 또는 승강기 관리 주체가 요청하는 경우에 실시하는 검사
정밀안전검사	20일	설치 후 15년이 도래하거나 결함 원인이 불명확한 경우, 중대한 사고가 발생하거나 또는 그 밖에 행정안전부장관이 정한 경우

❑ 검사의 주기
승강기 정기검사의 검사주기는 1년이며, 정밀안전검사는 완성검사를 받은 날부터 15년이 지난 경우 최초 실시하며, 그 이후에는 3년마다 정기적으로 실시합니다.

❑ 적용범위
"승강기"란 건축물이나 고정된 시설물에 설치되어 일정한 경로에 따라 사람이나 화물을 승강장으로 옮기는 데에 사용되는 시설로서 엘리베이터, 에스컬레이터, 휠체어리프트 등 행정안전부령으로 정하는 것을 말합니다.

• 엘리베이터

용도	종류	분류기준
승객용	승객용 엘리베이터	사람의 운송에 적합하게 제작된 엘리베이터
	침대용 엘리베이터	병원의 병상 운반에 적합하게 제작된 엘리베이터
	승객·화물용 엘리베이터	승객·화물겸용에 적합하게 제작된 엘리베이터
	비상용 엘리베이터	화재 시 소화 및 구조활동에 적합하게 제작된 엘리베이터
	피난용 엘리베이터	화재 등 재난 발생 시 피난활동에 적합하게 제작된 엘리베이터
	장애인용 엘리베이터	장애인이 이용하기에 적합하게 제작된 엘리베이터
	전망용 엘리베이터	엘리베이터 안에서 외부를 전망하기에 적합하게 제작된 엘리베이터
	소형 엘리베이터	단독주택의 거주자를 위한 승강행정이 12m 이하인 엘리베이터
화물용	화물용 엘리베이터	화물 운반 전용에 적합하게 제작된 엘리베이터
	덤웨이터	적재용량이 300kg 이하인 소형 화물 운반에 적합한 엘리베이터
	자동차용 엘리베이터	주차장의 자동차 운반에 적합하게 제작된 엘리베이터

• 에스컬레이터

용도	종류	분류기준
승객 및	에스컬레이터	계단형의디딤판을 동력으로 오르내리게 한 것
화물용	무빙워크	평면의 디딤판을 동력으로 이동시키게 한 것

• 휠체어리프트

용도	종류	분류기준
승 객 용	장애인용 경사형 리프트	장애인이 이용하기에 적합하게 제작된 것으로서 경사진 승강로를 따라 동력으로 오르내리게 한 것
	장애인용 수직형 리프트	장애인이 이용하기에 적합하게 제작된 것으로서 수직인 승강로를 따라 동력으로 오르내리게 한 것

❑ 벌칙 및 과태료
• 벌칙 : 1년 이하의 징역 또는 1천만 원 이하의 벌금
• 과태료 : 500만 원 이하, 300만 원 이하

24 다음에 제시된 상황에서 받아야 하는 승강기 검사의 종류가 잘못 연결된 것은?

① 1년 전 정기검사를 받은 승객용 엘리베이터를 계속해서 사용하려는 경우→정기검사

② 2층 건물을 4층으로 증축하면서 처음 소형 엘리베이터 설치를 끝낸 경우→완성검사

③ 에스컬레이터에 쓰레기가 끼이는 단순한 사고가 발생하여 수리한 경우→정밀안전검사

④ 7년 전 설치한 장애인용 경사형 리프트를 신형으로 교체한 경우→수시검사

⑤ 비상용 엘리베이터를 설치하고 15년이 지난 경우→정밀안전검사

 ③ 정밀안점검사는 설치 후 15년이 도래하거나 결함 원인이 불명확한 경우, 중대한 사고가 발생하거나
또는 그 밖에 행정안전부장관이 정한 경우에 실시한다. 에스컬레이터에 쓰레기가 끼이는 단순한 사고가
발생하여 수리한 경우에는 수시검사를 시행하는 것이 적절하다.

Answer 24.③

25 한국승강기안전공단 신입사원 甲은 승강기 검사와 관련하여 민원인의 질문을 받아 응대해 주는 과정에서 상사로부터 민원인에게 잘못된 정보를 제공하였다는 지적을 받았다. 甲이 응대한 내용 중 가장 옳지 않은 것은?

① 민원인 : 승강기 검사유효기간이 끝나가서 정기검사를 받으려고 합니다. 오늘 신청하면 언제쯤 검사를 받을 수 있나요?

　甲 : 정기검사의 처리기한은 20일입니다. 오늘 신청하시면 20일 안에 검사를 받으실 수 있습니다.

② 민원인 : 비상용 엘리베이터와 피난용 엘리베이터의 차이는 뭔가요?

　甲 : 비상용 엘리베이터는 화재 시 소화 및 구조활동에 적합하게 제작된 엘리베이터를 말합니다. 이에 비해 피난용 엘리베이터는 화재 등 재난 발생 시 피난활동에 적합하게 제작된 엘리베이터입니다.

③ 민원인 : 판매 전 자동차를 대놓는 주차장에 자동차 운반을 위한 엘리베이터를 설치하려고 합니다. 덤웨이터를 설치해도 괜찮을까요?

　甲 : 덤웨이터는 적재용량이 300kg 이하인 소형 화물 운반에 적합한 엘리베이터입니다. 자동차 운반을 위해서는 자동차용 엘리베이터를 설치하시는 것이 좋습니다.

④ 민원인 : 지난 2016년 1월에 마지막 정밀안전검사를 받았습니다. 승강기에 별 문제가 없다면, 다음 정밀안전검사는 언제 받아야 하나요?

　甲 : 정밀안전검사는 최초 실시 후 3년마다 정기적으로 실시합니다. 2016년 1월에 정밀안전검사를 받으셨다면, 2019년 1월에 다음 정밀안전검사를 받으셔야 합니다.

⑤ 민원인 : 고객들이 쇼핑카트나 유모차, 자전거 등을 가지고 층간 이동을 쉽게 할 수 있도록 에스컬레이터나 무빙워크를 설치하려고 합니다. 뭐가 더 괜찮을까요?

　甲 : 말씀하신 상황에서는 무빙워크보다는 에스컬레이터 설치가 더 적합합니다.

 ⑤ 쇼핑카트나 유모차, 자전거 등을 가지고 층간 이동을 쉽게 할 수 있도록 승강기를 설치하는 경우에는 계단형의 디딤판을 동력으로 오르내리게 한 에스컬레이터보다 평면의 디딤판을 동력으로 이동시키게 한 무빙워크가 더 적합하다.

Answer ➔ 25.⑤

수리능력 02

1 직장생활과 수리능력

(1) 기초직업능력으로서의 수리능력

① 개념 … 직장생활에서 요구되는 사칙연산과 기초적인 통계를 이해하고 도표의 의미를 파악하거나 도표를 이용해서 결과를 효과적으로 제시하는 능력을 말한다.

② 수리능력은 크게 기초연산능력, 기초통계능력, 도표분석능력, 도표작성능력으로 구성된다.
ㄱ 기초연산능력 : 직장생활에서 필요한 기초적인 사칙연산과 계산방법을 이해하고 활용할 수 있는 능력
ㄴ 기초통계능력 : 평균, 합계, 빈도 등 직장생활에서 자주 사용되는 기초적인 통계기법을 활용하여 자료의 특성과 경향성을 파악하는 능력
ㄷ 도표분석능력 : 그래프, 그림 등 도표의 의미를 파악하고 필요한 정보를 해석하는 능력
ㄹ 도표작성능력 : 도표를 이용하여 결과를 효과적으로 제시하는 능력

(2) 업무수행에서 수리능력이 활용되는 경우

① 업무상 계산을 수행하고 결과를 정리하는 경우

② 업무비용을 측정하는 경우

③ 고객과 소비자의 정보를 조사하고 결과를 종합하는 경우

④ 조직의 예산안을 작성하는 경우

⑤ 업무수행 경비를 제시해야 하는 경우

⑥ 다른 상품과 가격비교를 하는 경우

⑦ 연간 상품 판매실적을 제시하는 경우

⑧ 업무비용을 다른 조직과 비교해야 하는 경우

⑨ 상품판매를 위한 지역조사를 실시해야 하는 경우

⑩ 업무수행과정에서 도표로 주어진 자료를 해석하는 경우

⑪ 도표로 제시된 업무비용을 측정하는 경우

예제 1

다음 자료를 보고 주어진 상황에 대한 물음에 답하시오.

〈근로소득에 대한 간이 세액표〉

월 급여액(천 원) [비과세 및 학자금 제외]		공제대상 가족 수				
이상	미만	1	2	3	4	5
2,500	2,520	38,960	29,280	16,940	13,570	10,190
2,520	2,540	40,670	29,960	17,360	13,990	10,610
2,540	2,560	42,380	30,640	17,790	14,410	11,040
2,560	2,580	44,090	31,330	18,210	14,840	11,460
2,580	2,600	45,800	32,680	18,640	15,260	11,890
2,600	2,620	47,520	34,390	19,240	15,680	12,310
2,620	2,640	49,230	36,100	19,900	16,110	12,730
2,640	2,660	50,940	37,810	20,560	16,530	13,160
2,660	2,680	52,650	39,530	21,220	16,960	13,580
2,680	2,700	54,360	41,240	21,880	17,380	14,010
2,700	2,720	56,070	42,950	22,540	17,800	14,430
2,720	2,740	57,780	44,660	23,200	18,230	14,850
2,740	2,760	59,500	46,370	23,860	18,650	15,280

※ 갑근세는 제시되어 있는 간이 세액표에 따름
※ 주민세＝갑근세의 10%
※ 국민연금＝급여액의 4.50%
※ 고용보험＝국민연금의 10%
※ 건강보험＝급여액의 2.90%
※ 교육지원금＝분기별 100,000원(매 분기별 첫 달에 지급)

박○○ 사원의 5월 급여내역이 다음과 같고 전월과 동일하게 근무하였으나 특별수당은 없고 차량지원금으로 100,000원을 받게 된다면, 6월에 받게 되는 급여는 얼마인가? (단, 원 단위 절삭)

(주) 서원플랜테크 5월 급여내역			
성명	박○○	지급일	5월 12일
기본급여	2,240,000	갑근세	39,530
직무수당	400,000	주민세	3,950
명절 상여금		고용보험	11,970
특별수당	20,000	국민연금	119,700
차량지원금		건강보험	77,140
교육지원		기타	
급여계	2,660,000	공제합계	252,290
		지급총액	2,407,710

① 2,443,910
③ 2,463,910
② 2,453,910
④ 2,473,910

[출제의도]
업무상 계산을 수행하거나 결과를 정리하고 업무비용을 측정하는 능력을 평가하기 위한 문제로서, 주어진 자료에서 문제를 해결하는 데에 필요한 부분을 빠르고 정확하게 찾아내는 것이 중요하다.

[해설]

기본급여	2,240,000	갑근세	46,370
직무수당	400,000	주민세	4,630
명절상여금		고용보험	12,330
특별수당		국민연금	123,300
차량지원금	100,000	건강보험	79,460
교육지원		기타	
급여계	2,740,000	공제합계	266,090
		지급총액	2,473,910

답 ④

(3) 수리능력의 중요성

① 수학적 사고를 통한 문제해결

② 직업세계의 변화에의 적응

③ 실용적 가치의 구현

(4) 단위환산표

구분	단위환산
길이	$1cm = 10mm,\ 1m = 100cm,\ 1km = 1,000m$
넓이	$1cm^2 = 100mm^2,\ 1m^2 = 10,000cm^2,\ 1km^2 = 1,000,000m^2$
부피	$1cm^3 = 1,000mm^3,\ 1m^3 = 1,000,000cm^3,\ 1km^3 = 1,000,000,000m^3$
들이	$1ml = 1cm^3,\ 1dl = 100cm^3,\ 1L = 1,000cm^3 = 10dl$
무게	$1kg = 1,000g,\ 1t = 1,000kg = 1,000,000g$
시간	1분 $= 60$초, 1시간 $= 60$분 $= 3,600$초
할푼리	1푼 $= 0.1$할, 1리 $= 0.01$할, 1모 $= 0.001$할

예제 2

둘레의 길이가 4.4km인 정사각형 모양의 공원이 있다. 이 공원의 넓이는 몇 a인가?

① 12,100a

② 1,210a

③ 121a

④ 12.1a

[출제의도]
길이, 넓이, 부피, 들이, 무게, 시간, 속도 등 단위에 대한 기본적인 환산 능력을 평가하는 문제로서, 소수점 계산이 필요하며, 자릿수를 읽고 구분할 줄 알아야 한다.

[해설]
공원의 한 변의 길이는
$4.4 \div 4 = 1.1(km)$이고
$1km^2 = 10000a$이므로
공원의 넓이는
$1.1km \times 1.1km = 1.21km^2$
$= 12100a$

답 ①

2 수리능력을 구성하는 하위능력

(1) 기초연산능력

① 사칙연산 … 수에 관한 덧셈, 뺄셈, 곱셈, 나눗셈의 네 종류의 계산법으로 업무를 원활하게 수행하기 위해서는 기본적인 사칙연산뿐만 아니라 다단계의 복잡한 사칙연산까지도 수행할 수 있어야 한다.

② 검산 … 연산의 결과를 확인하는 과정으로 대표적인 검산방법으로 역연산과 구거법이 있다.

　　㉠ 역연산 : 덧셈은 뺄셈으로, 뺄셈은 덧셈으로, 곱셈은 나눗셈으로, 나눗셈은 곱셈으로 확인하는 방법이다.

　　㉡ 구거법 : 원래의 수와 각 자리 수의 합이 9로 나눈 나머지가 같다는 원리를 이용한 것으로 9를 버리고 남은 수로 계산하는 것이다.

예제 3

다음 식을 바르게 계산한 것은?

$$1 + \frac{2}{3} + \frac{1}{2} - \frac{3}{4}$$

① $\dfrac{13}{12}$　　　　　　　② $\dfrac{15}{12}$

③ $\dfrac{17}{12}$　　　　　　　④ $\dfrac{19}{12}$

[출제의도]
직장생활에서 필요한 기초적인 사칙연산과 계산방법을 이해하고 활용할 수 있는 능력을 평가하는 문제로서, 분수의 계산과 통분에 대한 기본적인 이해가 필요하다.
[해설]
$$\frac{12}{12} + \frac{8}{12} + \frac{6}{12} - \frac{9}{12} = \frac{17}{12}$$

답 ③

---

(2) 기초통계능력

① 업무수행과 통계

　　㉠ 통계의 의미 : 통계란 집단현상에 대한 구체적인 양적 기술을 반영하는 숫자이다.

　　㉡ 업무수행에 통계를 활용함으로써 얻을 수 있는 이점

　　　• 많은 수량적 자료를 처리가능하고 쉽게 이해할 수 있는 형태로 축소

　　　• 표본을 통해 연구대상 집단의 특성을 유추

　　　• 의사결정의 보조수단

　　　• 관찰 가능한 자료를 통해 논리적으로 결론을 추줄·검증

© 기본적인 통계치
- 빈도와 빈도분포 : 빈도란 어떤 사건이 일어나거나 증상이 나타나는 정도를 의미하며, 빈도분포란 빈도를 표나 그래프로 종합적으로 표시하는 것이다.
- 평균 : 모든 사례의 수치를 합한 후 총 사례 수로 나눈 값이다.
- 백분율 : 전체의 수량을 100으로 하여 생각하는 수량이 그 중 몇이 되는가를 퍼센트로 나타낸 것이다.

② 통계기법
  ㉠ 범위와 평균
  - 범위 : 분포의 흩어진 정도를 가장 간단히 알아보는 방법으로 최곳값에서 최젓값을 뺀 값을 의미한다.
  - 평균 : 집단의 특성을 요약하기 위해 가장 자주 활용하는 값으로 모든 사례의 수치를 합한 후 총 사례 수로 나눈 값이다.
  - 관찰값이 1, 3, 5, 7, 9일 경우 범위는 $9 - 1 = 8$이 되고, 평균은 $\dfrac{1+3+5+7+9}{5} = 5$가 된다.

  ㉡ 분산과 표준편차
  - 분산 : 관찰값의 흩어진 정도로, 각 관찰값과 평균값의 차의 제곱의 평균이다.
  - 표준편차 : 평균으로부터 얼마나 떨어져 있는가를 나타내는 개념으로 분산값의 제곱근 값이다.
  - 관찰값이 1, 2, 3이고 평균이 2인 집단의 분산은 $\dfrac{(1-2)^2+(2-2)^2+(3-2)^2}{3} = \dfrac{2}{3}$이고 표준편차는 분산값의 제곱근 값인 $\sqrt{\dfrac{2}{3}}$이다.

③ 통계자료의 해석
  ㉠ 다섯숫자요약
  - 최솟값 : 원자료 중 값의 크기가 가장 작은 값
  - 최댓값 : 원자료 중 값의 크기가 가장 큰 값
  - 중앙값 : 최솟값부터 최댓값까지 크기에 의하여 배열했을 때 중앙에 위치하는 사례의 값
  - 하위 25%값 · 상위 25%값 : 원자료를 크기 순으로 배열하여 4등분한 값
  ㉡ 평균값과 중앙값 : 평균값과 중앙값은 그 개념이 다르기 때문에 명확하게 제시해야 한다.

예제 4

인터넷 쇼핑몰에서 회원가입을 하고 디지털캠코더를 구매하려고 한다. 다음은 구입하고자 하는 모델에 대하여 인터넷 쇼핑몰 세 곳의 가격과 조건을 제시한 표이다. 표에 있는 모든 혜택을 적용하였을 때 디지털캠코더의 배송비를 포함한 실제 구매가격을 바르게 비교한 것은?

구분	A 쇼핑몰	B 쇼핑몰	C 쇼핑몰
정상가격	129,000원	131,000원	130,000원
회원혜택	7,000원 할인	3,500원 할인	7% 할인
할인쿠폰	5% 쿠폰	3% 쿠폰	5,000원
중복할인여부	불가	가능	불가
배송비	2,000원	무료	2,500원

① A<B<C
② B<C<A
③ C<A<B
④ C<B<A

[출제의도]
직장생활에서 자주 사용되는 기초적인 통계기법을 활용하여 자료의 특성과 경향성을 파악하는 능력이 요구되는 문제이다.

[해설]
㉠ A 쇼핑몰
• 회원혜택을 선택한 경우:
$129,000 - 7,000 + 2,000 = 124,000(원)$
• 5% 할인쿠폰을 선택한 경우:
$129,000 \times 0.95 + 2,000 = 124,550(원)$
㉡ B 쇼핑몰:
$131,000 \times 0.97 - 3,500 = 123,570(원)$
㉢ C 쇼핑몰
• 회원혜택을 선택한 경우:
$130,000 \times 0.93 + 2,500 = 123,400(원)$
• 5,000원 할인쿠폰을 선택한 경우
: $130,000 - 5,000 + 2,500 = 127,500(원)$
∴ C<B<A

답 ④

(3) 도표분석능력

① 도표의 종류

　㉠ 목적별 : 관리(계획 및 통제), 해설(분석), 보고

　㉡ 용도별 : 경과 그래프, 내역 그래프, 비교 그래프, 분포 그래프, 상관 그래프, 계산 그래프

　㉢ 형상별 : 선 그래프, 막대 그래프, 원 그래프, 점 그래프, 층별 그래프, 레이더 차트

② 도표의 활용

　㉠ 선 그래프

　• 주로 시간의 경과에 따라 수량에 의한 변화 상황(시계열 변화)을 절선의 기울기로 나타내는 그래프이다.

　• 경과, 비교, 분포를 비롯하여 상관관계 등을 나타낼 때 쓰인다.

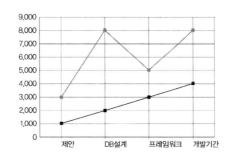

ⓛ 막대 그래프

• 비교하고자 하는 수량을 막대 길이로 표시하고 그 길이를 통해 수량 간의 대소관계를 나타내는 그 래프이다.

• 내역, 비교, 경과, 도수 등을 표시하는 용도로 쓰인다.

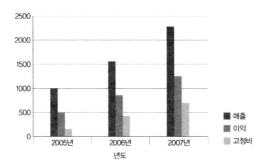

ⓒ 원 그래프

• 내역이나 내용의 구성비를 원을 분할하여 나타낸 그래프이다.

• 전체에 대해 부분이 차지하는 비율을 표시하는 용도로 쓰인다.

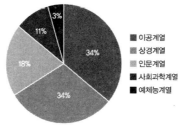

ⓔ 점 그래프

• 종축과 횡축에 2요소를 두고 보고자 하는 것이 어떤 위치에 있는가를 나타내는 그래프이다.

• 지역분포를 비롯하여 도시, 기방, 기업, 상품 등의 평가나 위치·성격을 표시하는데 쓰인다.

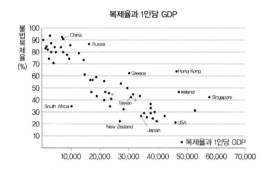

ⓜ 층별 그래프

• 선 그래프의 변형으로 연속내역 봉 그래프라고 할 수 있다. 선과 선 사이의 크기로 데이터 변화를 나타낸다.

• 합계와 부분의 크기를 백분율로 나타내고 시간적 변화를 보고자 할 때나 합계와 각 부분의 크기를 실수로 나타내고 시간적 변화를 보고자 할 때 쓰인다.

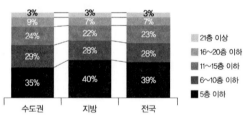

ⓗ 레이더 차트(거미줄 그래프)

• 원 그래프의 일종으로 비교하는 수량을 직경, 또는 반경으로 나누어 원의 중심에서의 거리에 따라 각 수량의 관계를 나타내는 그래프이다.

• 비교하거나 경과를 나타내는 용도로 쓰인다.

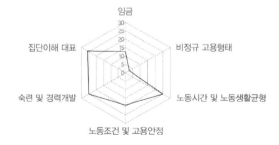

③ 도표 해석상의 유의사항

　ㄱ 요구되는 지식의 수준을 넓힌다.

　ㄴ 도표에 제시된 자료의 의미를 정확히 숙지한다.

　ㄷ 도표로부터 알 수 있는 것과 없는 것을 구별한다.

　ㄹ 총량의 증가와 비율의 증가를 구분한다.

　ㅁ 백분위수와 사분위수를 정확히 이해하고 있어야 한다.

예제 5

다음 표는 2009 ~ 2010년 지역별 직장인들의 자기개발에 관해 조사한 내용을 정리한 것이다. 이에 대한 분석으로 옳은 것은?

(단위 : %)

연도 구분 지역	2009				2010			
	자기개발하고 있음	자기개발 비용 부담 주체			자기개발하고 있음	자기개발 비용 부담 주체		
		직장100%	본인100%	직장50%+본인50%		직장100%	본인100%	직장50%+본인50%
충청도	36.8	8.5	88.5	3.1	45.9	9.0	65.5	24.5
제주도	57.4	8.3	89.1	2.9	68.5	7.9	68.3	23.8
경기도	58.2	12	86.3	2.6	71.0	7.5	74.0	18.5
서울시	60.6	13.4	84.2	2.4	72.7	11.0	73.7	15.3
경상도	40.5	10.7	86.1	3.2	51.0	13.6	74.9	11.6

① 2009년과 2010년 모두 자기개발 비용을 본인이 100% 부담하는 사람의 수는 응답자의 절반 이상이다.

② 자기개발을 하고 있다고 응답한 사람의 수는 2009년과 2010년 모두 서울시가 가장 많다.

③ 자기개발 비용을 직장과 본인이 각각 절반씩 부담하는 사람의 비율은 2009년과 2010년 모두 서울시가 가장 높다.

④ 2009년과 2010년 모두 자기개발을 하고 있다고 응답한 비율이 가장 높은 지역에서 자기개발비용을 직장이 100% 부담한다고 응답한 사람의 비율이 가장 높다.

[출제의도]
그래프, 그림, 도표 등 주어진 자료를 이해하고 의미를 파악하여 필요한 정보를 해석하는 능력을 평가하는 문제이다.

[해설]
② 지역별 인원수가 제시되어 있지 않으므로, 각 지역별 응답자 수는 알 수 없다.

③ 2009년에는 경상도에서, 2010년에는 충청도에서 가장 높은 비율을 보인다.

④ 2009년과 2010년 모두 '자기개발을 하고 있다'고 응답한 비율이 가장 높은 지역은 서울시이며, 2010년의 경우 자기개발 비용을 직장이 100% 부담한다고 응답한 사람의 비율이 가장 높은 지역은 경상도이다.

답 ①

(4) 도표작성능력

① 도표작성 절차
    ㉠ 어떠한 도표로 작성할 것인지를 결정
    ㉡ 가로축과 세로축에 나타낼 것을 결정
    ㉢ 한 눈금의 크기를 결정
    ㉣ 자료의 내용을 가로축과 세로축이 만나는 곳에 표현
    ㉤ 표현한 점들을 선분으로 연결
    ㉥ 도표의 제목을 표기

② 도표작성 시 유의사항
    ㉠ 선 그래프 작성 시 유의점
- 세로축에 수량, 가로축에 명칭구분을 제시한다.
- 선의 높이에 따라 수치를 파악하는 경우가 많으므로 세로축의 눈금을 가로축보다 크게 하는 것이 효과적이다.
- 선이 두 종류 이상일 경우 반드시 그 명칭을 기입한다.

    ㉡ 막대 그래프 작성 시 유의점
- 막대 수가 많을 경우에는 눈금선을 기입하는 것이 알아보기 쉽다.
- 막대의 폭은 모두 같게 하여야 한다.

    ㉢ 원 그래프 작성 시 유의점
- 정각 12시의 선을 기점으로 오른쪽으로 그리는 것이 보통이다.
- 분할선은 구성비율이 큰 순서로 그린다.

    ㉣ 층별 그래프 작성 시 유의점
- 눈금은 선 그래프나 막대 그래프보다 적게 하고 눈금선은 넣지 않는다.
- 층별로 색이나 모양이 완전히 다른 것이어야 한다.
- 같은 항목은 옆에 있는 층과 선으로 연결하여 보기 쉽도록 한다.

출제예상문제

┃1~5┃ 다음에 나열된 숫자의 규칙을 찾아 빈칸에 들어가기 적절한 수를 고르시오.

1

| 93 96 102 104 108 ( ) |

① 114　　　　　　　　　　　② 116
③ 118　　　　　　　　　　　④ 120
⑤ 122

(Tip) 전항의 일의 자리 숫자를 전항에 더한 결과 값이 후항의 수가 되는 규칙이다.
$93+3=96$, $96+6=102$, $102+2=104$, $104+4=108$, $108+8=116$

2

| 1 2 3 5 8 13 ( ) |

① 21　　　　　　　　　　　② 23
③ 25　　　　　　　　　　　④ 27
⑤ 29

(Tip) 피보나치 수열로, 앞의 두 항을 더한 것이 다음 항이 된다.
따라서 $8+13=21$

Answer⌐→ 1.② 2.①

3

| 1 2 6 | 2 3 ( ) | 3 4 28 |

① 12   ② 13

③ 14   ④ 15

⑤ 16

> (Tip) 첫 번째 수와 두 번째 수를 더한 후 두 번째 수를 곱하면 세 번째 수가 된다.
> $(1+2) \times 2 = 6$, $(2+3) \times 3 = 15$, $(3+4) \times 4 = 28$

4

| 3 8 14 25 37 54 ( ) |

① 65   ② 67

③ 72   ④ 77

⑤ 82

> (Tip) $+5$, $+6$, $+11$, $+12$, $+17$, $+18$으로 더해진 숫자들의 규칙을 살펴보면 $+1$, $+5$가 반복되고 있다.

5

| $\frac{1}{1}$ $\frac{1}{2}$ $\frac{2}{1}$ $\frac{1}{3}$ $\frac{2}{2}$ $\frac{3}{1}$ $\frac{1}{4}$ ( ) $\frac{3}{2}$ $\frac{4}{1}$ |

① $\frac{1}{1}$ ② $\frac{1}{2}$

③ $\frac{2}{2}$ ④ $\frac{2}{3}$

⑤ $\frac{1}{4}$

> (Tip) 앞에서부터 1개, 2개, 3개, 4개씩 나열된 숫자를 묶어서 살펴보면 규칙을 찾을 수 있다.
> $\left(\frac{1}{1} \right)$, $\left(\frac{1}{2} \ \frac{2}{1} \right)$, $\left(\frac{1}{3} \ \frac{2}{2} \ \frac{3}{1} \right)$, $\left(\frac{1}{4} \ \frac{2}{3} \ \frac{3}{2} \ \frac{4}{1} \right)$로 묶어보면, 분모는 하나씩 작아지고, 분자는 하나씩 커진다.

6 2진법의 수 10001과 5진법의 수 1220의 실제 수의 합은?

① 185

② 197

③ 202

④ 215

⑤ 229

ㄱ $1 \times 2^4 + 0 \times 2^3 + 0 \times 2^2 + 0 \times 2^1 + 1 \times 2^0 = 17$
ㄴ $1 \times 5^3 + 2 \times 5^2 + 2 \times 5^1 + 0 \times 5^0 = 185$
∴ $17 + 185 = 202$

7 서원이는 집에서 중학교까지 19km를 통학한다. 집으로부터 자전거로 30분 동안 달린 후 20분 동안 걸어서 중학교에 도착했다면 걷는 속도는 분당 몇 km인가? (단, 자전거는 분속 0.5km로 간다고 가정한다.)

① 0.2km

② 0.4km

③ 0.6km

④ 0.8km

⑤ 1km

걷는 속도를 분당 x라 하면 $30 \times 0.5 + 20 \times x = 19$
∴ $x = 0.2km$

8 A~E 5명 중에서 3명을 순서를 고려하지 않고 뽑을 경우의 수는?

① 7가지

② 10가지

③ 13가지

④ 15가지

⑤ 18가지

순서를 고려하지 않고 3명을 뽑으므로
$$_5C_3 = \frac{5!}{3! \times (5-3)!} = \frac{5 \times 4 \times 3 \times 2 \times 1}{3 \times 2 \times 1 \times 2 \times 1}$$
$$= 10(가지)$$

Answer → 3.④ 4.③ 5.④ 6.③ 7.① 8.②

9 수지는 2017년 1월 1일부터 휴대폰을 개통하여 하루에 쓰는 통화요금은 1,800원이다. 3월 16일까지 사용한 양은 1,500분으로 총 135,000원이 누적되었을 때, 하루에 통화한 시간은?

① 5분

② 10분

③ 15분

④ 20분

⑤ 25분

 ⊙ 분당 사용 요금을 x라 하면,
$1500x = 135000$, $x = 90$원/min
ⓛ 하루에 통화한 시간을 y라 하면,
$90 \times y = 1800$, $y = 20$분

10 제15회 한국사능력검정시험 고급에 남자가 75명, 여자가 25명이 응시하고, 시험 평균은 여자가 76점이다. 남녀 전체 평균 점수가 73점일 때 남자의 평균 점수는?

① 72점

② 73점

③ 74점

④ 75점

⑤ 76점

 남자의 평균 점수를 x라 하면,
$$\frac{75x + 25 \times 76}{100} = 73$$
$\therefore x = 72$점

11 야산 한 쪽에 태양광 설비 설치를 위해 필요한 부품을 트럭에서 내려 설치 장소까지 리어카를 이용하여 시속 4km로 이동한 K씨는 설치 후 트럭이 있는 곳까지 시속 8km의 속도로 다시 돌아왔다. 처음 트럭을 출발하여 작업을 마치고 다시 트럭의 위치로 돌아오니 총 4시간이 걸렸다. 작업에 소요된 시간이 1시간 30분이라면, 트럭에서 태양광 설치 장소까지의 거리는 얼마인가? (거리는 반올림하여 소수 둘째 자리까지 표시함)

① 약 4.37km

② 약 4.95km

③ 약 5.33km

④ 약 6.28km

⑤ 약 6.67km

 '거리=시간×속력'을 이용하여 계산할 수 있다.

총 4시간의 소요 시간 중 작업 시간 1시간 30분을 빼면, 왕복 이동한 시간은 2시간 30분이 된다. 트럭에서 태양광 설치 장소까지의 거리를 x km라고 하면, 시속 4km로 이동한 거리와 시속 8km로 되돌아온 거리 모두 x km가 된다.

따라서 거리=시간×속력 → 시간=거리÷속력 공식을 이용하여, 2시간 30분은 2.5시간이므로 $2.5 = (x \div 4) + (x \div 8)$이 성립하게 된다.

이것을 풀면, $2.5 = x/4 + x/8$ → $2.5 = 3/8 x$ → $x = 2.5 \times 8/3 = 6.666...$ → 약 6.67km가 된다.

12 현재 어머니의 나이는 아버지 나이의 $\frac{4}{5}$이다. 2년 후면 아들의 나이는 아버지의 나이의 $\frac{1}{3}$이 되며, 아들과 어머니의 나이를 합하면 65세가 된다. 현재 3명의 나이를 모두 합하면 얼마인가?

① 112세

② 116세

③ 120세

④ 124세

⑤ 128세

 현재 아버지의 나이를 x라 하면, 어머니의 나이는 $\frac{4}{5}x$

2년 후 아들과 어머니의 나이의 조건을 살펴보면 $\left(\frac{4}{5}x + 2\right) + \left\{\frac{1}{3}(x+2)\right\} = 65$, $x = 55$

아버지의 나이는 55세, 어머니는 44세, 아들은 17세이므로
$55 + 44 + 17 = 116$

Answer → 9.④ 10.① 11.⑤ 12.②

13 소금물 300g에서 물 110g을 증발시킨 후 소금 10g을 더 녹였더니 농도가 처음 농도의 2배가 되었다. 처음 소금물의 농도는 얼마인가?

① 8%   ② 9%

③ 10%   ④ 11%

⑤ 12%

 처음 소금의 양을 x라 하면

$$농도 = \frac{소금의\ 양}{소금물의\ 양} \times 100 이므로$$

소금물 300g에서 물 110g을 증발시킨 후 소금 10g을 더 넣은 농도 = 처음 농도의 2배

$$\frac{x+10}{300-110+10} \times 100 = 2 \times \frac{x}{300} \times 100$$

$$x = 30$$

처음 소금의 양이 30g이므로 처음 소금물의 농도는 $\frac{30}{300} \times 100 = 10\%$

14 그림과 같이 P도시에서 Q도시로 가는 길은 3가지이고, Q도시에서 R도시로 가는 길은 2가지이다. P도시를 출발하여 Q도시를 거쳐 R도시로 가는 방법은 모두 몇 가지인가?

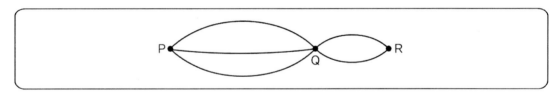

① 3가지   ② 4가지

③ 5가지   ④ 6가지

⑤ 7가지

 P도시에서 Q도시로 가는 길은 3가지이고, Q도시에서 R도시로 가는 길은 2가지이므로, P도시를 출발하여 Q도시를 거쳐 R도시로 가는 방법은 3 × 2 = 6가지이다.

15 다음은 A~E 5대의 자동차별 속성과 연료 종류별 가격에 관한 자료이다. 60km를 운행하는 데에 연료비가 가장 많이 드는 자동차는?

■ 자동차별 속성

자동차＼특성	사용연료	최고시속(km/h)	연비(km/l)	연료탱크용량(l)
A	휘발유	200	10	60
B	LPG	160	8	60
C	경유	150	12	50
D	휘발유	180	20	45
E	경유	200	8	50

■ 연료 종류별 가격

연료 종류	리터당 가격(원/l)
휘발유	1,700
LPG	1,000
경유	1,500

① A

② B

③ C

④ D

⑤ E

 60km를 운행할 때 연료비는

① A의 연료비 : 60/10 × 1,700 = 10,200원

② B의 연료비 : 60/8 × 1,000 = 7,500원

③ C의 연료비 : 60/12 × 1,500 = 7,500원

④ D의 연료비 : 60/20 × 1,700 = 5,100원

⑤ E의 연료비 : 60/8 × 1,500 = 11,250원

Answer ➡ 13.③ 14.④ 15.⑤

┃16~17┃ 다음 표는 성, 연령집단 및 교육수준별 삶의 만족도에 관한 표이다. 다음 표를 보고 물음에 답하시오.

(단위 : %)

		2003	2006	2009	2011	2012	2013
전체	전체	20.4	28.9	20.9	24.1	33.3	34.1
	만족도 점수	4.7	4.8	4.6	4.9	5.4	5.5
성별	남자	21	29.4	22.3	24.4	33.6	34.6
	여자	19.9	28.5	19.5	23.9	33	33.6
연령집단	20세 미만	25.5	35.9	23.8	36.1	47.8	48
	20 ~ 29세	22.9	31.1	23	26.1	36.1	38.9
	30 ~ 39세	23.1	33	24.1	26.1	36.4	39.6
	40 ~ 49세	18.8	28.1	22.5	25.7	34.2	36
	50 ~ 59세	16.4	24.3	19.4	21.1	28.5	27.5
	60세 이상	16.3	22.9	13.6	14.5	23.6	22.1
교육수준	초졸 이하	14.6	21	10.7	16.2	25.8	24.7
	중졸	17.1	25.7	17.1	22.1	31.1	28.8
	고졸	19	26.5	17.7	20.8	30.4	29.9
	대졸 이상	29.6	39.4	31.6	33	41.5	45.4

* 만족도 : "귀하의 생활을 전반적으로 고려할 때 현재 삶에 어느 정도 만족하십니까?"라는 질문에 대하여 "매우 만족"과 "약간 만족"의 응답비율을 합한 것

* 만족도점수 : "매우 만족"에 10점, "약간 만족"에 7.5점, "보통"에 5점, "약간 불만족"에 2.5점, "매우 불만족"에 0점을 부여하여 산출한 응답 평균 점수

16 위의 표에 대한 설명으로 옳지 않은 것은?

① 대체로 교육수준이 높을수록 삶의 만족도가 높다.

② 대체로 연령이 낮을수록 삶의 만족도가 높다.

③ 20세 미만의 경우 2013년에는 거의 과반수가 "매우 만족" 또는 "약간 만족"이라고 응답했다.

④ 전체집단의 삶의 만족도는 점점 증가하고 있다.

⑤ 만족도 점수를 보았을 때 전체집단의 평균적인 삶의 만족도는 보통 수준이다.

 ④ 전체집단의 삶의 만족도는 2009년에 감소했다.

17 2012년 응답 대상자 중 여자가 24,965(천 명)이라고 한다면, 2012년 응답 대상자 중 질문에 대하여 "매우 만족"과 "약간 만족"에 응답한 여자는 총 몇 명인가?

① 8,238,440명

② 8,238,450명

③ 8,238,460명

④ 8,238,470명

⑤ 8,238,480명

 24,965,000×0.33=8,238,450

(단위 : 천 원, %)

		2010	2011	2012	2013	2014	2015
월평균 교통비 (천 원)	전체	271	295	302	308	334	322
	개인교통비	215	238	242	247	271	258
	대중교통비	56	57	60	61	63	63
교통비 지출율 (%)	전체	11.9	12.3	12.3	12.4	13.1	12.5
	개인교통비	9.4	9.9	9.8	10	10.6	10.1
	대중교통비	2.4	2.4	2.4	2.4	2.5	2.5

* 교통비 지출율 : 가구 월평균 소비지출 중 교통비가 차지하는 비율
* 개인교통비 : 자동차 구입비, 기타 운송기구(오토바이, 자전거 등) 구입비, 운송기구 유지 및 수리비(부품 및 관련용품, 유지 및 수리비), 운송기구 연료비, 기타 개인교통서비스(운전교습비, 주차료, 통행료, 기타 개인교통) 등 포함
* 대중교통비 : 철도운송비, 육상운송비, 기타운송비(항공, 교통카드 이용, 기타 여객운송) 등 포함

18 위의 표에 대한 설명으로 옳은 것은?

① 2010년 월평균 교통비에서 개인교통비는 80% 이상을 차지한다.

② 2011년 월평균 교통비에서 대중교통비는 20% 이상을 차지한다.

③ 2012년 월평균 교통비에서 개인교통비는 80% 이상을 차지한다.

④ 전체 월평균 교통비는 해마다 증가한다.

⑤ 개인 월평균 교통비는 해마다 증가한다.

③ 242÷302×100=80.13

① 215÷271×100=79.33

② 57÷295×100=19.32

④ 2015년에는 전체 월평균 교통비가 감소했다.

⑤ 2015년에는 개인 월평균 교통비가 감소했다.

19 2015년의 가구 월평균 소비지출은 얼마인가?

① 2,572,000원

② 2,573,000원

③ 2,574,000원

④ 2,575,000원

⑤ 2,576,000원

 가구 월평균 소비지출 중 교통비가 차지하는 비율이 교통비 지출율이므로 이를 이용해서 2015년 가구 월평균 소비지출을 구할 수 있다.

2015년 가구 월평균 소비지출 = $\dfrac{322,000}{0.125}$ = 2,576,000원

Answer→ 18.③   19.⑤

20 다음은 갑국의 연도별 비만 환자에 관한 자료이다. 다음 중 전년 대비 비만 환자 비율의 증가량이 큰 연도 순으로 바르게 짝지어진 것은?

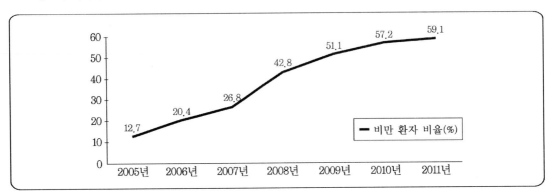

① 2009년, 2010년, 2008년, 2011년
② 2009년, 2008년, 2010년, 2007년
③ 2010년, 2008년, 2009년, 2006년
④ 2008년, 2009년, 2010년, 2011년
⑤ 2008년, 2010년, 2009년, 2006년

- 2006년의 비만 환자 비율의 증가량 : 7.7%p
- 2007년의 비만 환자 비율의 증가량 : 6.4%p
- 2008년의 비만 환자 비율의 증가량 : 16%p
- 2009년의 비만 환자 비율의 증가량 : 8.3%p
- 2010년의 비만 환자 비율의 증가량 : 6.1%p
- 2011년의 비만 환자 비율의 증가량 : 1.9%p

따라서 2008년, 2009년, 2006년, 2007년, 2010년, 2011년 순이 된다.

21 다음 표는 A지역 전체 가구를 대상으로 일본원자력발전소 사고 전후의 식수조달원 변경에 대해 설문조사한 결과이다. 사고 전에 비해 사고 후에 이용 가구 수가 감소한 식수조달원의 수는 몇 개인가?

사고 후 조달원 / 사고 전 조달원	수돗물	정수	약수	생수
수돗물	40	30	20	30
정수	10	50	10	30
약수	20	10	10	40
생수	10	10	10	40

① 0개   ② 1개

③ 2개   ④ 3개

⑤ 4개

사고 후 조달원 / 사고 전 조달원	수돗물	정수	약수	생수	합계
수돗물	40	30	20	30	120
정수	10	50	10	30	100
약수	20	10	10	40	80
생수	10	10	10	40	70
합계	80	100	50	140	

수돗물 : 120 → 80
정수 : 100 → 100
약수 : 80 → 50
생수 : 70 → 140
따라서 사고 전에 비해 사고 후에 이용 가구 수가 감소한 식수조달원은 수돗물과 약수 2개이다.

22 다음 표는 어느 회사의 공장별 제품 생산 및 판매 실적에 대한 자료이다. 이에 대한 설명으로 옳지 않은 것은?

(단위 : 대)

공장	2016년 12월	2016년 전체	
	생산 대수	생산 대수	판매 대수
A	25	586	475
B	21	780	738
C	32	1,046	996
D	19	1,105	1,081
E	38	1,022	956
F	39	1,350	1,238
G	15	969	947
H	18	1,014	962
I	26	794	702

※ 2017년 1월 1일 기준 재고 수＝2016년 전체 생산 대수－2016년 전체 판매 대수

※ 판매율(%) $= \dfrac{판매 대수}{생산 대수} \times 100$

※ 2016년 1월 1일부터 제품을 생산·판매하였음

① 2017년 1월 1일 기준 재고 수가 가장 적은 공장은 G공장이다.

② 2017년 1월 1일 기준 재고 수가 가장 많은 공장의 2016년 전체 판매율은 90% 이상이다.

③ 2016년 12월 생산 대수가 가장 많은 공장과 2017년 1월 1일 기준 재고 수가 가장 많은 공장은 동일하다.

④ I공장의 2016년 전체 판매율은 90% 이상이다.

⑤ 2016년에 A~I 공장은 전체 8,666대를 생산하였다.

④ I공장의 2016년 전체 판매율 : $\dfrac{702}{794} \times 100 = 88.4\%$

23 다음 표는 A카페의 커피 판매정보에 대한 자료이다. 한 잔만을 더 판매하고 영업을 종료한다고 할 때, 총이익이 정확히 64,000원이 되기 위해서 판매해야 하는 메뉴는?

〈표〉 A카페의 커피 판매정보

(단위 : 원, 잔)

메뉴 \ 구분	한 잔 판매가격	현재까지의 판매량	한 잔당 재료(재료비)				
			원두 (200)	우유 (300)	바닐라시럽 (100)	초코시럽 (150)	카라멜시럽 (250)
아메리카노	3,000	5	○	×	×	×	×
카페라떼	3,500	3	○	○	×	×	×
바닐라라떼	4,000	3	○	○	○	×	×
카페모카	4,000	2	○	○	×	○	×
카라멜마끼아또	4,300	6	○	○	○	×	○

※ 1) 메뉴별 이익＝(메뉴별 판매가격－메뉴별 재료비)×메뉴별 판매량
　 2) 총이익은 메뉴별 이익의 합이며, 다른 비용은 고려하지 않음
　 3) A카페는 5가지 메뉴만을 판매하며, 메뉴별 한 잔 판매가격과 재료비는 변동 없음
　 4) ○ : 해당 재료 한 번 사용
　　　 × : 해당 재료 사용하지 않음

① 아메리카노　　　　　　　② 카페라떼
③ 바닐라라떼　　　　　　　④ 카페모카
⑤ 카라멜마끼아또

 현재까지의 판매 이익은 다음과 같다.
• 아메리카노 : $(3,000-200) \times 5 = 14,000$
• 카페라떼 : $(3,500-500) \times 3 = 9,000$
• 바닐라라떼 : $(4,000-600) \times 3 = 10,200$
• 카페모카 : $(4,000-650) \times 2 = 6,700$
• 카라멜마끼아또 : $(4,300-850) \times 6 = 20,700$
현재까지 60,600원의 판매 이익을 얻었으므로, 3,400원이 더 필요하다. 따라서 바닐라라떼 한 잔을 더 팔면 이익을 채울 수 있다.

| 24~25 | 다음은 원양어업 주요 어종별 생산량에 관한 자료이다. 이를 보고 물음에 답하시오.

(단위 : 톤, 백만 원)

구분		2010년	2011년	2012년	2013년	2014년
가다랑어	생산량	216,720	173,334	211,891	200,866	229,588
	생산금액	321,838	334,770	563,027	427,513	329,163
황다랑어	생산량	67,138	45,736	60,436	44,013	63,971
	생산금액	201,596	168,034	170,733	133,170	163,068
명태	생산량	46,794	48,793	39,025	24,341	31,624
	생산금액	64,359	67,307	45,972	36,662	49,479
새꼬리 민태	생산량	10,852	12,447	10,100	8,261	8,681
	생산금액	19,030	25,922	21,540	14,960	18,209
민대구	생산량	4,139	4,763	4,007	3,819	3,162
	생산금액	10,072	13,136	11,090	10,912	8,689

※ 생산금액＝생산량×톤당 생산가격

24 위의 표에 대한 설명으로 옳지 않은 것은?

① 5개의 어종 가운데 매년 생산량이 가장 많은 어종은 가다랑어이다.

② 2012년 민대구의 생산량이 전년대비 감소한 이후로 2014년까지 계속 감소하고 있다.

③ 가다랑어와 황다랑어는 생산량의 전년대비 증감방향이 일치한다.

④ 2011년 새꼬리 민태 생산량의 전년대비 증가율은 10% 이하이다.

⑤ 2011년 가다랑어의 생산량은 전년대비 감소하였지만 생산금액은 증가하였다.

④ 2011년 새꼬리 민태 생산량의 전년대비 증가율 : $\dfrac{12,447-10,852}{10,852} \times 100 = 14.7\%$

따라서 10%를 초과한다.

25 2014년 톤당 생산가격이 가장 높은 어종은 무엇인가?

① 가다랑어   ② 황다랑어

③ 명태   ④ 새꼬리 민태

⑤ 민대구

 톤당 생산가격 $= \dfrac{\text{생산금액}}{\text{생산량}}$ 으로 구한다(단위는 생략).

① 가다랑어 : $\dfrac{329,163}{229,588} = 1.43$

② 황다랑어 : $\dfrac{163,068}{63,971} = 2.55$

③ 명태 : $\dfrac{49,479}{31,624} = 1.56$

④ 새꼬리 민태 : $\dfrac{18,209}{8,681} = 2.10$

⑤ 민대구 : $\dfrac{8,689}{3,162} = 2.75$

03 문제해결능력

1 문제와 문제해결

(1) 문제의 정의와 분류

① 정의 … 문제란 업무를 수행함에 있어서 답을 요구하는 질문이나 의논하여 해결해야 되는 사항이다.

② 문제의 분류

구분	창의적 문제	분석적 문제
문제제시 방법	현재 문제가 없더라도 보다 나은 방법을 찾기 위한 문제 탐구→문제 자체가 명확하지 않음	현재의 문제점이나 미래의 문제로 예견될 것에 대한 문제 탐구→문제 자체가 명확함
해결방법	창의력에 의한 많은 아이디어의 작성을 통해 해결	분석, 논리, 귀납과 같은 논리적 방법을 통해 해결
해답 수	해답의 수가 많으며, 많은 답 가운데 보다 나은 것을 선택	답의 수가 적으며 한정되어 있음
주요특징	주관적, 직관적, 감각적, 정성적, 개별적, 특수성	객관적, 논리적, 정량적, 이성적, 일반적, 공통성

(2) 업무수행과정에서 발생하는 문제 유형

① **발생형 문제(보이는 문제)** … 현재 직면하여 해결하기 위해 고민하는 문제이다. 원인이 내재되어 있기 때문에 원인지향적인 문제라고도 한다.
   ㉠ 일탈문제 : 어떤 기준을 일탈함으로써 생기는 문제
   ㉡ 미달문제 : 어떤 기준에 미달하여 생기는 문제

② **탐색형 문제(찾는 문제)** … 현재의 상황을 개선하거나 효율을 높이기 위한 문제이다. 방치할 경우 큰 손실이 따르거나 해결할 수 없는 문제로 나타나게 된다.
   ㉠ 잠재문제 : 문제가 잠재되어 있어 인식하지 못하다가 확대되어 해결이 어려운 문제
   ㉡ 예측문제 : 현재로는 문제가 없으나 현 상태의 진행 상황을 예측하여 찾아야 앞으로 일어날 수 있는 문제가 보이는 문제
   ㉢ 발견문제 : 현재로서는 담당 업무에 문제가 없으나 선진기업의 업무 방법 등 보다 좋은 제도나 기법을 발견하여 개선시킬 수 있는 문제

③ 설정형 문제(미래 문제) … 장래의 경영전략을 생각하는 것으로 앞으로 어떻게 할 것인가 하는 문제이다. 문제해결에 창조적인 노력이 요구되어 창조적 문제라고도 한다.

예제 1

D회사 신입사원으로 입사한 귀하는 신입사원 교육에서 업무수행과정에서 발생하는 문제 유형 중 설정형 문제를 하나씩 찾아오라는 지시를 받았다. 이에 대해 귀하는 교육받은 내용을 다시 복습하려고 한다. 설정형 문제에 해당하는 것은?

① 현재 직면하여 해결하기 위해 고민하는 문제
② 현재의 상황을 개선하거나 효율을 높이기 위한 문제
③ 앞으로 어떻게 할 것인가 하는 문제
④ 원인이 내재되어 있는 원인지향적인 문제

[출제의도]
업무수행 중 문제가 발생하였을 때 문제 유형을 구분하는 능력을 측정하는 문항이다.
[해설]
업무수행과정에서 발생하는 문제 유형으로는 발생형 문제, 탐색형 문제, 설정형 문제가 있으며 ①④는 발생형 문제이며 ②는 탐색형 문제, ③이 설정형 문제이다.

답 ③

---

(3) 문제해결

① 정의 … 목표와 현상을 분석하고 이 결과를 토대로 과제를 도출하여 최적의 해결책을 찾아 실행·평가해 가는 활동이다.

② 문제해결에 필요한 기본적 사고
  ㉠ 전략적 사고 : 문제와 해결방안이 상위 시스템과 어떻게 연결되어 있는지를 생각한다.
  ㉡ 분석적 사고 : 전체를 각각의 요소로 나누어 그 의미를 도출하고 우선순위를 부여하여 구체적인 문제해결방법을 실행한다.
  ㉢ 발상의 전환 : 인식의 틀을 전환하여 새로운 관점으로 바라보는 사고를 지향한다.
  ㉣ 내·외부자원의 활용 : 기술, 재료, 사람 등 필요한 자원을 효과적으로 활용한다.

③ 문제해결의 장애요소
  ㉠ 문제를 철저하게 분석하지 않는 경우
  ㉡ 고정관념에 얽매이는 경우
  ㉢ 쉽게 떠오르는 단순한 정보에 의지하는 경우
  ㉣ 너무 많은 자료를 수집하려고 노력하는 경우

④ 문제해결방법
　㉠ 소프트 어프로치 : 문제해결을 위해서 직접적인 표현보다는 무언가를 시사하거나 암시를 통하여 의사를 전달하여 문제해결을 도모하고자 한다.
　㉡ 하드 어프로치 : 상이한 문화적 토양을 가지고 있는 구성원을 가정하고, 서로의 생각을 직설적으로 주장하고 논쟁이나 협상을 통해 서로의 의견을 조정해 가는 방법이다.
　㉢ 퍼실리테이션(facilitation) : 촉진을 의미하며 어떤 그룹이나 집단이 의사결정을 잘 하도록 도와주는 일을 의미한다.

2　문제해결능력을 구성하는 하위능력

(1) 사고력

① 창의적 사고 … 개인이 가지고 있는 경험과 지식을 통해 새로운 가치 있는 아이디어를 산출하는 사고 능력이다.
　㉠ 창의적 사고의 특징
　　• 정보와 정보의 조합
　　• 사회나 개인에게 새로운 가치 창출
　　• 창조적인 가능성

예제 2

M사 홍보팀에서 근무하고 있는 귀하는 입사 5년차로 창의적인 기획안을 제출하기로 유명하다. S부장은 이번 신입사원 교육 때 귀하에게 창의적인 사고란 무엇인지 교육을 맡아달라고 부탁하였다. 창의적인 사고에 대한 귀하의 설명으로 옳지 않은 것은?

① 창의적인 사고는 새롭고 유용한 아이디어를 생산해 내는 정신적인 과정이다.
② 창의적인 사고는 특별한 사람들만이 할 수 있는 대단한 능력이다.
③ 창의적인 사고는 기존의 정보들을 특정한 요구조건에 맞거나 유용하도록 새롭게 조합시킨 것이다.
④ 창의적인 사고는 통상적인 것이 아니라 기발하거나, 신기하며 독창적인 것이다.

[출제의도]
창의적 사고에 대한 개념을 정확히 파악하고 있는지를 묻는 문항이다.
[해설]
흔히 사람들은 창의적인 사고에 대해 특별한 사람들만이 할 수 있는 대단한 능력이라고 생각하지만 그리 대단한 능력이 아니며 이미 알고 있는 경험과 지식을 해체하여 다시 새로운 정보로 결합하여 가치 있는 아이디어를 산출하는 사고라고 할 수 있다.

답 ②

ⓛ 발산적 사고 : 창의적 사고를 위해 필요한 것으로 자유연상법, 강제연상법, 비교발상법 등을 통해 개발할 수 있다.

구분	내용
자유연상법	생각나는 대로 자유롭게 발상 ex) 브레인스토밍
강제연상법	각종 힌트에 강제적으로 연결 지어 발상 ex) 체크리스트
비교발상법	주제의 본질과 닮은 것을 힌트로 발상 ex) NM법, Synectics

Point 》 브레인스토밍

ㄱ 진행방법
- 주제를 구체적이고 명확하게 정한다.
- 구성원의 얼굴을 볼 수 있는 좌석 배치와 큰 용지를 준비한다.
- 구성원들의 다양한 의견을 도출할 수 있는 사람을 리더로 선출한다.
- 구성원은 다양한 분야의 사람들로 5~8명 정도로 구성한다.
- 발언은 누구나 자유롭게 할 수 있도록 하며, 모든 발언 내용을 기록한다.
- 아이디어에 대한 평가는 비판해서는 안 된다.

ㄴ 4대 원칙
- 비판엄금(Support) : 평가 단계 이전에 결코 비판이나 판단을 해서는 안 되며 평가는 나중까지 유보한다.
- 자유분방(Silly) : 무엇이든 자유롭게 말하고 이런 바보 같은 소리를 해서는 안 된다는 등의 생각은 하지 않아야 한다.
- 질보다 양(Speed) : 질에는 관계없이 가능한 많은 아이디어들을 생성해내도록 격려한다.
- 결합과 개선(Synergy) : 다른 사람의 아이디어에 자극되어 보다 좋은 생각이 떠오르고, 서로 조합하면 재미있는 아이디어가 될 것 같은 생각이 들면 즉시 조합시킨다.

② 논리적 사고 … 사고의 전개에 있어 전후의 관계가 일치하고 있는가를 살피고 아이디어를 평가하는 사고능력이다.

ㄱ 논리적 사고를 위한 5가지 요소 : 생각하는 습관, 상대 논리의 구조화, 구체적인 생각, 타인에 대한 이해, 설득

ㄴ 논리적 사고 개발 방법
- 피라미드 구조 : 하위의 사실이나 현상부터 사고하여 상위의 주장을 만들어가는 방법
- so what기법 : '그래서 무엇이지?'하고 자문자답하여 주어진 정보로부터 가치 있는 정보를 이끌어내는 사고 기법

③ 비판적 사고 … 어떤 주제나 주장에 대해서 적극적으로 분석하고 종합하며 평가하는 능동적인 사고이다.

ㄱ 비판적 사고 개발 태도 : 비판적 사고를 개발하기 위해서는 지적 호기심, 객관성, 개방성, 융통성, 지적 회의성, 지적 정직성, 체계성, 지속성, 결단성, 다른 관점에 대한 존중과 같은 태도가 요구된다.

ⓛ 비판적 사고를 위한 태도

- 문제의식 : 비판적인 사고를 위해서 가장 먼저 필요한 것은 바로 문제의식이다. 자신이 지니고 있는 문제와 목적을 확실하고 정확하게 파악하는 것이 비판적인 사고의 시작이다.
- 고정관념 타파 : 지각의 폭을 넓히는 일은 정보에 대한 개방성을 가지고 편견을 갖지 않는 것으로 고정관념을 타파하는 일이 중요하다.

(2) 문제처리능력과 문제해결절차

① 문제처리능력 … 목표와 현상을 분석하고 이를 토대로 문제를 도출하여 최적의 해결책을 찾아 실행 · 평가하는 능력이다.

② 문제해결절차 … 문제 인식 → 문제 도출 → 원인 분석 → 해결안 개발 → 실행 및 평가

ⓐ 문제 인식 : 문제해결과정 중 'waht'을 결정하는 단계로 환경 분석 → 주요 과제 도출 → 과제 선정의 절차를 통해 수행된다.

- 3C 분석 : 환경 분석 방법의 하나로 사업환경을 구성하고 있는 요소인 자사(Company), 경쟁사 (Competitor), 고객(Customer)을 분석하는 것이다.

│ 예제 3

L사에서 주력 상품으로 밀고 있는 TV의 판매 이익이 감소하고 있는 상황에서 귀하는 B부장으로부터 3C분석을 통해 해결방안을 강구해 오라는 지시를 받았다. 다음 중 3C에 해당하지 않는 것은?

① Customer　　　　　　　　② Company
③ Competitor　　　　　　　　④ Content

[출제의도]
3C의 개념과 구성요소를 정확히 숙지하고 있는지를 측정하는 문항이다.
[해설]
3C 분석에서 사업 환경을 구성하고 있는 요소인 자사(Company), 경쟁사 (Competitor), 고객을 3C (Customer)라고 한다. 3C 분석에서 고객 분석에서는 '고객은 자사의 상품 · 서비스에 만족하고 있는지'를, 자사 분석에서는 '자사가 세운 달성목표와 현상 간에 차이가 없는지'를 경쟁사 분석에서는 ' 경쟁기업의 우수한 점과 자사의 현상과 차이가 없는지'에 대한 질문을 통해서 환경을 분석하게 된다.

답 ④

- SWOT 분석 : 기업내부의 강점과 약점, 외부환경의 기회와 위협요인을 분석·평가하여 문제해결 방안을 개발하는 방법이다.

		내부환경요인	
		강점(Strengths)	약점(Weaknesses)
외부환경요인	기회 (Opportunities)	SO 내부강점과 외부기회 요인을 극대화	WO 외부기회를 이용하여 내부약점을 강점으로 전환
	위협 (Threat)	ST 외부위협을 최소화하기 위해 내부강점을 극대화	WT 내부약점과 외부위협을 최소화

ⓛ 문제 도출 : 선정된 문제를 분석하여 해결해야 할 것이 무엇인지를 명확히 하는 단계로, 문제 구조 파악 → 핵심 문제 선정 단계를 거쳐 수행된다.
- Logic Tree : 문제의 원인을 파고들거나 해결책을 구체화할 때 제한된 시간 안에서 넓이와 깊이를 추구하는데 도움이 되는 기술로 주요 과제를 나무모양으로 분해·정리하는 기술이다.

ⓒ 원인 분석 : 문제 도출 후 파악된 핵심 문제에 대한 분석을 통해 근본 원인을 찾는 단계로 Issue 분석 → Data 분석 → 원인 파악의 절차로 진행된다.

ⓔ 해결안 개발 : 원인이 밝혀지면 이를 효과적으로 해결할 수 있는 다양한 해결안을 개발하고 최선의 해결안을 선택하는 것이 필요하다.

ⓜ 실행 및 평가 : 해결안 개발을 통해 만들어진 실행계획을 실제 상황에 적용하는 활동으로 실행계획 수립 → 실행 → Follow-up의 절차로 진행된다.

예제 4

C사는 최근 국내 매출이 지속적으로 하락하고 있어 사내 분위기가 심상치 않다. 이에 대해 Y부장은 이 문제를 극복하고자 문제처리 팀을 구성하여 해결방안을 모색하도록 지시하였다. 문제처리 팀의 문제해결 절차를 올바른 순서로 나열한 것은?

① 문제 인식 → 원인 분석 → 해결안 개발 → 문제 도출 → 실행 및 평가
② 문제 도출 → 문제 인식 → 해결안 개발 → 원인 분석 → 실행 및 평가
③ 문제 인식 → 원인 분석 → 문제 도출 → 해결안 개발 → 실행 및 평가
④ 문제 인식 → 문제 도출 → 원인 분석 → 해결안 개발 → 실행 및 평가

[출제의도]
실제 업무 상황에서 문제가 일어났을 때 해결 절차를 알고 있는지를 측정하는 문항이다.
[해설]
일반적인 문제해결절차는 '문제 인식 → 문제 도출 → 원인 분석 → 해결안 개발 → 실행 및 평가'로 이루어진다.

답 ④

▌1~2▐ 다음 제시된 단어와 유사한 의미를 가진 단어를 고르시오.

1

> 은둔(隱遁)

① 은혜   ② 은밀

③ 친밀   ④ 칩거

⑤ 아둔

 Tip 은둔(隱遁) ··· 세상일을 피하여 숨음
① 고맙게 베풀어 주는 신세나 혜택
② 숨어 있어서 겉으로 드러나지 않음
③ 지내는 사이가 매우 친하고 가까움
④ 나가서 활동하지 아니하고 집 안에만 틀어박혀 있음
⑤ 슬기롭지 못하고 머리가 둔하다의 어근

2

> 광활(廣闊)

① 도려내다   ② 후리다

③ 너르다   ④ 자르다

⑤ 반지빠르다

Tip 광활(廣闊) ··· 막힌 데가 없이 트이고 넓음
① 빙 돌려서 베거나 파내다.
② 휘몰아 채거나 쫓다. 또는 휘둘러 때리거나 치다.
③ 공간이 두루 다 넓다.
④ 동강을 내거나 끊어 내다. 또는 남의 요구를 야무지게 거절하다.
⑤ 말 따위가 얄미울 정도로 약삭빠르다.

∥3～4∥ 다음 주어진 단어와 반대 또는 상대되는 단어를 고르시오.

3

견실(見失)

① 사라지다   ② 찾다

③ 닳다   ④ 잃다

⑤ 잊다

> (Tip) 견실(見失) … 자기도 모르게 또는 부주의로 물건 따위를 잃어버림

4

바루다

① 고치다   ② 깨끗하다

③ 구부러지다   ④ 조용하다

⑤ 비루하다

> (Tip) 바루다 … 비뚤어지거나 구부러지지 않도록 바르게 하다.

Answer ↪ 1.④ 2.③ 3.② 4.③

| 5~6 | 다음 글을 읽고 밑줄 친 ㉠과 ㉡의 관계와 가장 가까운 것을 고르시오.

5

> 좌절과 상실을 당하여 상대방에 대하여 외향적 공격성을 보이는 원(怨)과 무력한 자아를 되돌아보고 자책하고 한탄하는 내향적 공격성인 탄(嘆)이 한국의 고유한 정서인 한(恨)의 기점이 되고 있다. 이러한 것들은 체념의 정서를 유발할 수 있다. 이른바 한국적 한에서 흔히 볼 수 있는 소극적, 퇴영적인 자폐성과 ㉠허무주의, 패배주의 등은 이러한 체념적 정서의 부정적 측면이다. 그러나 체념에 부정적인 것만 있는 것은 아니다. 오히려 체념에 철저함으로써 ㉡달관의 경지에 나아갈 수 있다. 세상의 근원을 바라볼 수 있는 관조의 눈이 열리게 되는 것이다.

① 보호 : 보존
② 자유 : 방종
③ 입법 : 사법
④ 원인 : 근거
⑤ 바다 : 육지

 허무주의는 체념의 부정적 측면이고 달관은 체념의 긍정적 측면이다. 즉, 서로 상반되는 관계에 있다고 볼 수 있다. 자유는 기본적으로 긍정적인 의미를 갖지만, 책임과 의무가 따르지 않는 자유는 자칫 방종이라는 부정적 결과를 가져올 수 있다.

6

> 심장은 심방과 심실이라는 네 개의 작은 방으로 나누어져 있다. 오른쪽 심실에서 나온 혈액은 허파를 지나 산소가 풍부한 혈액으로 바뀌어 왼쪽 심방으로 돌아온다. 이렇게 들어온 혈액은 왼쪽 심실의 펌프질을 통해 온몸으로 퍼지게 되는데, 오른쪽 심방 벽에 주기 조정자가 있다. 이곳에서 전기파를 방출하면 이로 인해 심장의 근육들은 하나의 박자에 맞춰 ㉠수축과 ㉡이완을 반복함으로써 펌프질을 하게 되는 것이다.

① 동물 : 사슴
② 서론 : 본론
③ 압축 : 복원
④ 은총 : 총애
⑤ 근면 : 성실

 '수축'은 '근육 따위가 오그라듦.'이라는 뜻이고, '이완'은 '굳어서 뻣뻣하게 된 근육 따위가 원래의 상태로 풀어짐.'이라는 뜻이다. 따라서 두 단어는 서로 대조의 의미 관계에 있다. 이와 같이 상반된 의미를 가진 단어로는 '압축'과 '복원'이 있다. '압축'은 '물질 따위에 압력을 가하여 그 부피를 줄임.'이라는 뜻이고, '복원'은 '원래대로 회복함.'이라는 뜻으로 의미상 대조 관계를 이룬다. ①은 상하 관계, ④는 유의 관계의 단어들이다.

7

> **사실**
>
> A는 B의 어머니다.
>
> C는 D의 어머니다.
>
> D는 B의 아버지다.
>
> **결론**
>
> C는 B의 조모이다.

① 참   ② 거짓   ③ 알 수 없음

 B를 기준으로 가족관계를 정리해보면,

C(할머니) – D(아버지)

          │   > B

        A(어머니)

따라서 'C는 B의 조모이다.'라는 결론은 참이다.

8

> **사실**
>
> ㉠ 이씨는 김씨보다 앞에 있다.
>
> ㉡ 최씨는 김씨보다 뒤에 있다.
>
> ㉢ 박씨는 최씨 바로 앞에 있다.
>
> ㉣ 홍씨는 제일 뒤에 있다.
>
> ㉤ 박씨 앞에는 두 명이 있다.
>
> **결론**
>
> 최씨는 이씨보다 뒤에 있다.

① 참   ② 거짓   ③ 알 수 없음

 제시된 조건 중 ㉠㉡은 변수가 생길 수 있는 것이나, ㉢㉣을 통해 확실한 위치를 추론할 수 있다.

├─────┼─────┼─────┼─────┤

이씨   김씨   박씨   최씨   홍씨

따라서 결론은 참이다.

Answer ↱ 5.②   6.③   7.①   8.①

9

사실
㉠ 어떤 회사의 사원 평가 결과 모든 사원이 최우수, 우수, 보통 중 한 등급으로 분류되었다.
㉡ 최우수에 속한 사원은 모두 45세 이상이었다.
㉢ 35세 이상의 사원은 우수에 속하거나 자녀를 두고 있지 않았다.
㉣ 우수에 속한 사원은 아무도 이직경력이 없다.
㉤ 보통에 속한 사원은 모두 대출을 받고 있으며, 무주택자인 사원 중에는 대출을 받고 있는 사람이 없다.
㉥ 이 회사의 직원A는 자녀가 있으며 이직경력이 있는 사원이다.

결론
A는 35세 미만이고 주택을 소유하고 있다.

① 참

② 거짓

③ 알 수 없음

 마지막 단서에서부터 시작해서 추론하면 된다.
직원A는 자녀가 있으며 이직경력이 있는 사원이다. 따라서 이직경력이 있기 때문에 ㉣에 의해 A는 우수에 속한 사원이 아니다. 또 자녀가 있으며 우수에 속하지 않기 때문에 ㉢에 의해 35세 미만인 것을 알 수 있다. 35세 미만이기 때문에 ㉡에 의해 최우수에 속하지도 않고, 이 결과 A는 보통에 해당함을 알 수 있다. ㉤에 의해 대출을 받고 있으며, 무주택 사원이 아님을 알 수 있다.
따라서, A는 35세 미만이고 주택을 소유하고 있다는 결론은 참이다.

10 다음에 제시된 세 개의 명제가 참이라고 할 때, 결론 A, B에 대한 판단으로 알맞은 것은?

> 명제 1. 강 사원이 외출 중이면 윤 사원도 외출 중이다.
> 명제 2. 윤 사원이 외출 중이 아니면 박 사원도 외출 중이 아니다.
> 명제 3. 박 사원이 외출 중이 아니면 강 사원도 외출 중이 아니다.
>
> 결론 A. 윤 사원이 외출 중이 아니면 강 사원도 외출 중이 아니다.
> 결론 B. 박 사원이 외출 중이면 윤 사원도 외출 중이다.

① A만 옳다.

② B만 옳다.

③ A, B 모두 옳다.

④ A, B 모두 옳지 않다.

⑤ 옳은지 그른지 알 수 없다.

 명제 2와 3을 삼단논법으로 연결하면, '윤 사원이 외출 중이 아니면 강 사원도 외출 중이 아니다.'가 성립되므로 A는 옳다. 또한, 명제 2가 참일 경우 대우명제도 참이어야 하므로 '박 과장이 외출 중이면 윤 사원도 외출 중이다.'도 참이어야 한다. 따라서 B도 옳다.

11~12 │ 다음의 명제가 참일 때, 항상 참이라고 말할 수 있는 것은?

11

> • 오 대리가 출장을 가면 정 사원은 야근을 해야 한다.
> • 남 대리가 교육을 받지 못하면 진급 시험 자격을 얻지 못한다.
> • 정 사원이 야근을 하면 남 대리가 교육을 받으러 가지 못한다.

① 남 대리가 교육을 받지 못하면 오 대리가 출장을 가야 한다.
② 정 대리가 야근을 하면 오 대리가 출장을 가야 한다.
③ 남 대리가 진급 시험 자격을 얻으려면 오 대리가 출장을 가면 안 된다.
④ 남 대리가 진급 시험 자격을 얻지 못하면 오 대리가 출장을 가지 않은 것이다.
⑤ 정 사원이 야근을 하지 않으면 남 대리가 교육을 받으러 간다.

 제시된 명제를 기호로 나타내면 다음과 같다.
• 오 대리 출장 → 정 사원 야근
• ~남 대리 교육 → ~진급 시험 자격
• 정 사원 야근 → ~남 대리 교육
이 명제를 연결하면 '오 대리 출장 → 정 사원 야근 → ~남 대리 교육 → ~진급 시험 자격'이 성립한다.
(대우 : 진급 시험 자격 → 남 대리 교육 → ~정 사원 야근 → ~오 대리 출장)
①~④의 보기를 기호로 나타내면 다음과 같으므로 항상 참인 것은 ③이다.
① ~남 대리 교육 → 오 대리 출장(연결 명제 중 오 대리 출장 → ~남 대리 교육의 역임으로 항상 참인
　지는 알 수 없다.)
② 정 사원 야근 → 오 대리 출장(첫 번째 명제의 역이므로 항상 참인지는 알 수 없다.)
③ 진급 시험 자격 → ~오 대리 출장(연결 명제의 대우 명제이므로 항상 참이다.)
④ ~진급 시험 자격 → ~오 대리 출장(주어진 명제만으로는 알 수 없다.)
⑤ ~정 사원 야근 → 남 대리 교육(대우 명제 중 남 대리 교육 → ~정 사원 야근의 역이므로 항상 참인
　지는 알 수 없다.)

12

> • 자동차 수리를 잘 하는 사람은 자전거도 잘 고친다.
> • 자동차 수리를 잘 하지 못하는 사람은 가전제품도 잘 고치지 못한다.

① 자동차 수리를 잘 하지 못하는 사람은 자전거도 잘 고치지 못한다.
② 자전거를 잘 고치는 사람은 가전제품을 잘 고친다.
③ 가전제품을 잘 고치지 못하는 사람은 자동차 수리도 잘 하지 못한다.
④ 자전거를 잘 고치는 사람은 자동차 수리를 잘 하지 못한다.
⑤ 가전제품을 잘 고치는 사람은 자전거도 잘 고친다.

  제시된 명제를 기호로 나타내면 다음과 같다.
• 자동차 → 자전거(대우 : ~자전거 → ~자동차)
• ~자동차 → ~가전제품(대우 : 가전제품 → 자동차)
이 명제를 연결하면 '~자전거 → ~자동차 → ~가전제품'이 성립한다.(대우 : 가전제품 → 자동차 → 자전거)
①~⑤의 보기를 기호로 나타내면 다음과 같으므로 항상 참인 것은 ⑤이다.
① ~자동차 → ~자전거(주어진 명제만으로는 알 수 없다.)
② 자전거 → 가전제품(주어진 명제만으로는 알 수 없다.)
③ ~가전제품 → ~자동차(주어진 명제만으로는 알 수 없다.)
④ 자전거 → ~자동차(주어진 명제만으로는 알 수 없다.)
⑤ 가전제품 → 자전거(연결 명제의 대우이므로 항상 참이다.)

13 다음에 제시된 정보를 종합할 때, 물음에 알맞은 개수는 몇 개인가?

> • 테이블 5개와 의자 10개의 가격은 의자 5개와 서류장 10개의 가격과 같다.
> • 의자 5개와 서류장 15개의 가격은 의자 5개와 테이블 10개의 가격과 같다.
> • 서류장 10개와 의자 10개의 가격은 테이블 몇 개의 가격과 같은가?

① 8개   ② 9개
③ 10개   ④ 11개
⑤ 12개

  두 번째 정보에서 테이블 1개와 의자 1개는 서류장 2개의 가격과 같음을 알 수 있다.
세 번째 정보에서 두 번째 정보를 대입하면 테이블 1개는 의자 1개와 서류장 1개의 가격과 같아진다는 것을 알 수 있다.
그러므로 서류장 10개와 의자 10개의 가격은 테이블 10개의 가격과 같다.

Answer ↱ 11.③ 12.⑤ 13.③

14 A, B, C, D, E 다섯 명의 단원이 점심 식사 후 봉사활동을 하러 가야 한다. 다음의 〈조건〉을 모두 만족할 경우, 옳지 않은 주장은?

〈조건〉

- B는 C보다 먼저 봉사활동을 하러 나갔다.
- A와 B 두 사람이 동시에 가장 먼저 봉사활동을 하러 나갔다.
- E보다 늦게 봉사활동을 하러 나간 사람이 있다.
- D와 동시에 봉사활동을 하러 나간 사람은 없었다.

---

① E가 D보다 먼저 봉사활동을 하러 나가는 경우가 있다.

② C와 D 중, C가 먼저 봉사활동을 하러 나가는 경우가 있다.

③ E가 C보다 먼저 봉사활동을 하러 나가는 경우는 없다.

④ A의 경우 항상 C나 D보다 먼저 봉사활동을 하러 나간다.

⑤ D의 경우 가장 늦게 봉사활동을 하러 나가는 경우가 있다.

Tip 다섯 사람 중 A와 B가 동시에 가장 먼저 봉사활동을 하러 나가게 되었으며, C~E는 A와 B보다 늦게 봉사활동을 하러 나가게 되었음을 알 수 있다. 따라서 다섯 사람의 순서는 E의 순서를 변수로 다음과 같이 정리될 수 있다.

㉠ E가 두 번째로 봉사활동을 하러 나가게 되는 경우

첫 번째	두 번째	세 번째	네 번째
A, B	E	C 또는 D	C 또는 D

첫 번째	두 번째	세 번째
A, B	E, C	D

㉡ E가 세 번째로 봉사활동을 하러 나가게 되는 경우

첫 번째	두 번째	세 번째	네 번째
A, B	C 또는 D	E	C 또는 D

따라서 E가 C보다 먼저 봉사활동을 하러 나가는 경우가 있으므로 보기 ③과 같은 주장은 옳지 않다.

15 김 사원, 이 사원, 박 사원, 정 사원, 최 사원은 신입사원 오리엔테이션을 받으며 왼쪽부터 순서대로 앉아 강의를 들었다. 각기 다른 부서로 배치된 이들은 4년 후 신규 대리 진급자 시험을 보기 위해 다시 같은 강의실에 모이게 되었다. 다음의 〈조건〉을 모두 만족할 때, 어떤 경우에도 바로 옆에 앉는 두 사람은 누구인가?

〈조건〉
A. 신규 대리 진급자 시험에 응시하는 사람은 김 사원, 이 사원, 박 사원, 정 사원, 최 사원뿐이다.
B. 오리엔테이션 당시 앉았던 위치와 같은 위치에 앉아서 시험을 보는 직원은 아무도 없다.
C. 김 사원과 박 사원 사이에는 1명이 앉아 있다.
D. 이 사원과 정 사원 사이에는 2명이 앉아 있다.

① 김 사원, 최 사원
② 이 사원, 박 사원
③ 김 사원, 이 사원
④ 정 사원, 최 사원
⑤ 정 사원, 박 사원

 신입사원 오리엔테이션 당시 다섯 명의 자리 배치는 다음과 같다.

김 사원	이 사원	박 사원	정 사원	최 사원

확정되지 않은 자리를 SB(somebody)라고 할 때, D에 따라 가능한 경우는 다음의 4가지이다.

㉠	이 사원	SB 1	SB 2	정 사원	SB 3
㉡	SB 1	이 사원	SB 2	SB 3	정 사원
㉢	정 사원	SB 1	SB 2	이 사원	SB 3
㉣	SB 1	정 사원	SB 2	SB 3	이 사원

이 중 ㉠, ㉡은 B에 따라 불가능하므로, ㉢, ㉣의 경우만 남는다. 여기서 C에 따라 김 사원과 박 사원 사이에는 1명이 앉아 있어야 하므로 ㉢의 SB 2, SB 3과 ㉣의 SB 1, SB 2가 김 사원과 박 사원의 자리이다. 그런데 B에 따라 김 사원은 ㉣의 SB 1에 앉을 수 없고 박 사원은 ㉢, ㉣의 SB 2에 앉을 수 없으므로 다음의 2가지 경우가 생긴다.

㉢	정 사원	SB 1(최 사원)	김 사원	이 사원	박 사원
㉣	박 사원	정 사원	김 사원	SB 3(최 사원)	이 사원

따라서 어떤 경우에도 바로 옆에 앉는 두 사람은 김 사원과 최 사원이다.

16 J회사에서 신제품 음료에 대한 블라인드 테스트를 진행하였다. 테스트에 응한 직원 30명은 음료 A, B, C에 대해 1~3순위를 부여하였는데 그에 대한 결과가 다음과 같을 때, C에 3순위를 부여한 사람의 수는? (단, 두 개 이상의 제품에 같은 순위를 부여할 수 없다)

> ㉠ A를 B보다 선호하는 사람은 18명이다.
> ㉡ B를 C보다 선호하는 사람은 25명이다.
> ㉢ C를 A보다 선호하는 사람은 10명이다.
> ㉣ C에 1순위를 부여한 사람은 없다.

① 12명 ② 13명
③ 14명 ④ 15명
⑤ 16명

 C에 1순위를 부여한 사람은 없으므로 가능한 순위 조합은 (A–B–C), (A–C–B), (B–A–C), (B–C–A)이다.
㉡ (A–B–C)∪(B–A–C)∪(B–C–A)=25 ∴ (A–C–B)=5
㉠ (A–B–C)∪(A–C–B)=18 ∴ (A–B–C)=13
㉢ (B–C–A)=10 ∴ (B–A–C)=2
∴ C에 3순위를 부여한 사람은 15명이다.

17 최 대리, 남 대리, 양 과장, 강 사원, 이 과장 5명은 사내 기숙사 A동~E동에 나누어 숙소를 배정받았다. 다음 조건을 참고할 때, 같은 동에 배정받을 수 있는 두 사람이 올바르게 짝지어진 것은 어느 것인가?

- 최 대리는 C동, D동, E동에 배정받지 않았다.
- 남 대리는 A동, C동, D동에 배정받지 않았다
- 양 과장은 B동, D동, E동에 배정받지 않았다.
- 강 사원은 B동, C동, E동에 배정받지 않았다.
- 이 과장은 A동, C동, E동에 배정받지 않았다.
- 아무도 배정받지 않은 동은 C동뿐이다.
- A동은 두 사람이 배정받은 동이 아니다.

---

① 최 대리, 양 과장

② 남 대리, 이 과장

③ 최 대리, 강 사원

④ 양 과장, 강 사원

⑤ 강 사원, 이 과장

> (Tip) 조건을 참고하여 내용을 표로 정리하면 다음과 같다.
>
> | A동 | B동 | C동 | D동 | E동 |
> |---|---|---|---|---|
> | ~~최 대리, 강 사원~~ 양 과장 | ~~남 대리~~ 최 대리, 이 과장 | | 강 사원, 이 과장 | 남 대리 |
>
> C동에 아무도 배정받지 않았다는 것은 나머지 4개의 동 중 2명이 배정받은 동이 있다는 의미가 된다. 우선, 남 대리는 E동에 배정받은 것을 알 수 있다. 또한 B동과 D동에 양 과장이 배정받지 않았으므로 양 과장은 A동에 배정받은 것이 되며, A동은 두 사람이 배정받은 동이 아니므로 나머지 인원은 A동에 배정받지 않았음을 알 수 있다. 따라서 B동에는 남 대리를 제외한 최 대리, 이 과장이 배정받을 수 있고, D동에는 강 사원, 이 과장이 배정받을 수 있다. 이것은 결국 B동에는 최 대리, D동에는 강 사원이 배정받은 것이 되며, 이 과장이 배정받은 동만 정해지지 않은 상태가 된다.
> 따라서 주어진 조건에 의하면 최 대리와 이 과장 또는 강 사원과 이 과장이 같은 동에 배정받을 수 있다.

▌18~20▐ 다음 밑줄 친 빈칸에 들어갈 가장 알맞은 문장을 고르시오.

18

> 모든 정치가는 철학자이다.
> 어느 정치가도 음악가는 아니다.
> _____

① 그러므로 모든 음악가는 철학자이다.
② 그러므로 어느 음악가는 철학자이다.
③ 그러므로 어느 음악가는 정치가이다.
④ 그러므로 모든 음악가는 철학자가 아니다.
⑤ 그러므로 어느 음악가도 철학자는 아니다.

• 모든 정치가는 철학자이다.(모든 M은 P이다.)
• 어느 정치가도 음악가는 아니다.(어느 M도 S가 아니다.)
• 그러므로 어느 음악가도 철학자는 아니다.(그러므로 어느 S도 P가 아니다.)

19

> 모든 아이들은 악동이다.
> 어느 아이들도 천재는 아니다.
> _____

① 그러므로 어느 천재도 악동은 아니다.
② 그러므로 모든 악동은 천재이다.
③ 그러므로 모든 천재는 악동이다.
④ 그러므로 어느 악동은 천재이다.
⑤ 그러므로 어느 아이들은 천재다.

• 모든 아이들은 악동이다.(모든 M은 P이다.)
• 어느 아이들도 천재는 아니다.(어느 M도 S가 아니다.)
• 그러므로 어느 천재도 악동은 아니다.(그러므로 어느 S도 P가 아니다.)

20

> 모든 국회의원은 정치가이다.
> 어느 시인도 정치가가 아니다.
> _____

① 그러므로 모든 시인은 국회의원이 아니다.

② 그러므로 어느 시인도 국회의원이 아니다.

③ 그러므로 모든 국회의원은 정치가가 아니다.

④ 그러므로 모든 시인은 정치가가 아니다.

⑤ 그러므로 어느 국회의원은 정치가가 아니다.

- 모든 국회의원은 정치가이다. (모든 P는 M이다.)
- 어느 시인도 정치가가 아니다. (어느 S도 M이 아니다.)
- 그러므로 어느 시인도 국회의원이 아니다. (그러므로 어느 S도 P가 아니다.)

※ 논증의 타당성과 건전성

인적성검사의 논증 문제에서 우리가 쉽게 범할 수 있는 오류 중 하나는 논증의 타당성과 건전성을 혼동하는 것이다. 논증을 평가하려면 다음의 두 가지를 확인해야 한다.

첫째, 논증을 구성하고 있는 명제들은 참인가 거짓인가?

둘째, 전제들은 결론을 위한 근거, 증거 또는 이유를 구성하는가?

첫 번째 물음은 사실적, 과학적이고, 두 번째 물음은 논리적이다. 두 번째 물음은 증거와 결론 사이의 관계에 관한 물음이다. 논리학은 명제의 참·거짓을 사실적으로 확인하는 작업은 하지 않으며 논증이 올바른 이유를 밝히는 작업을 한다.

예를 들어, "한국은 미국에 있다. 파리는 한국에 있다. 그러므로 파리는 미국에 있다."는 논증은 거짓 명제들로 구성되어 있지만 올바른 논증이다. 즉, 연역 논증에만 한정시켜 볼 때, 논증의 타당성은 논증을 구성하는 진술의 내용이 아니라 논리적 형식에 의해 결정된다.

Answer↪ 18.⑤ 19.① 20.②

▌21~22 ▌ 다음은 지방자치단체(지자체) 경전철 사업분석의 결과로서 분야별 문제점을 정리한 것이다. 다음 물음에 답하시오.

분야	문제점
추진주체 및 방식	• 기초지자체 중심(선심성 공약 남발)의 무리한 사업추진으로 인한 비효율 발생 • 지자체의 사업추진 역량부족으로 지방재정 낭비심화 초래 • 종합적 표준지침 부재로 인한 각 지자체마다 개별적으로 추진
타당성 조사 및 계획수립	• 사업주관 지자체의 행정구역만을 고려한 폐쇄적 계획 수립 • 교통수요 예측 및 사업타당성 검토의 신뢰성·적정성 부족 • 이해관계자 참여를 통한 사업계획의 정당성 확보 노력 미흡
사업자 선정 및 재원지원	• 토목 및 건설자 위주 지분참여로 인한 고비용·저효율 시공 초래 • 민간투자사업 활성화를 위한 한시적 규제유예 효과 미비
노선건설 및 차량시스템 선정	• 건설시공 이익 검토미흡으로 인한 재원낭비 심화 • 국내개발 시스템 도입 활성화를 위한 방안 마련 부족

21 다음 〈보기〉에서 '추진주체 및 방식'의 문제점에 대한 개선방안을 모두 고르면?

〈보기〉
㉠ 이해관계자 의견수렴 활성화를 통한 사업추진 동력 확보
㉡ 지자체 역량 강화를 통한 사업관리의 전문성·효율성 증진
㉢ 교통수요 예측 정확도 제고 등 타당성 조사 강화를 위한 여건 조성
㉣ 경전철 사업관련 업무처리 지침 마련 및 법령 보완
㉤ 무분별한 해외시스템 도입 방지 및 국산기술·부품의 활성화 전략 수립
㉥ 상위교통계획 및 생활권과의 연계강화를 통한 사업계획의 체계성 확보
㉦ 시공이익에 대한 적극적 검토를 통해 총사업비 절감 효과 도모

① ㉠㉡
② ㉡㉣
③ ㉡㉣㉦
④ ㉣㉤㉥
⑤ ㉥㉦

 ㉡ : '지자체의 사업추진 역량부족으로 지방재정 낭비심화 초래'에 대한 개선방안이다.
㉣ : '종합적 표준지침 부재로 인한 각 지자체마다 개별적으로 추진'에 대한 개선방안이다.

22 다음 〈보기〉에서 '타당성 조사 및 계획수립'의 문제점에 대한 개선방안을 모두 고르면?

> ㉠ 이해관계자 의견수렴 활성화를 통한 사업추진 동력 확보
> ㉡ 지자체 역량 강화를 통한 사업관리의 전문성 · 효율성 증진
> ㉢ 교통수요 예측 정확도 제고 등 타당성 조사 강화를 위한 여건 조성
> ㉣ 경전철 사업관련 업무처리 지침 마련 및 법령 보완
> ㉤ 무분별한 해외시스템 도입 방지 및 국산기술 · 부품의 활성화 전략 수립
> ㉥ 상위교통계획 및 생활권과의 연계강화를 통한 사업계획의 체계성 확보
> ㉦ 시공이익에 대한 적극적 검토를 통해 총사업비 절감 효과 도모

① ㉠㉢㉥

② ㉠㉢㉦

③ ㉡㉢㉤

④ ㉡㉢㉥

⑤ ㉤㉥㉦

 ㉠ : '이해관계자 참여를 통한 사업계획의 정당성 확보 노력 미흡'에 대한 개선방안이다.
㉢ : '교통수요 예측 및 사업타당성 검토의 신뢰성 · 적정성 부족'에 대한 개선방안이다.
㉥ : '사업주관 지자체의 행정구역만을 고려한 폐쇄적 계획 수립'에 대한 개선방안이다.

Answer ➔ 21.② 22.①

23 다음은 건물주 甲이 판단한 입주 희망 상점에 대한 정보이다. 다음에 근거하여 건물주 甲이 입주시킬 두 상점을 고르면?

<표> 입주 희망 상점 정보

상점	월세(만 원)	폐업위험도	월세 납부일 미준수비율
중국집	90	중	0.3
한식집	100	상	0.2
분식집	80	중	0.15
편의점	70	하	0.2
영어학원	80	하	0.3
태권도학원	90	상	0.1

※ 음식점 : 중국집, 한식집, 분식집

※ 학원 : 영어학원, 태권도학원

<정보>
- 건물주 甲은 자신의 효용을 극대화하는 상점을 입주시킨다.
- 甲의 효용 : 월세(만 원)×입주 기간(개월) − 월세 납부일 미준수비율×입주 기간(개월)×100(만 원)
- 입주 기간 : 폐업위험도가 '상'인 경우 입주 기간은 12개월, '중'인 경우 15개월, '하'인 경우 18개월
- 음식점 2개를 입주시킬 경우 20만 원의 효용이 추가로 발생한다.
- 학원 2개를 입주시킬 경우 30만 원의 효용이 추가로 발생한다.

① 중국집, 한식집
② 한식집, 분식집
③ 분식집, 태권도학원
④ 영어학원, 태권도학원
⑤ 분식집, 영어학원

(Tip) 중국집 : $90×15-0.3×15×100=900$
한식집 : $100×12-0.2×12×100=960$
분식집 : $80×15-0.15×15×100=975$
편의점 : $70×18-0.2×18×100=900$
영어학원 : $80×18-0.3×18×100=900$
태권도학원 : $90×12-0.1×12×100=960$
분식집의 효용이 가장 높고, 한식집과 태권도학원이 960으로 같다. 음식점 2개를 입주시킬 경우 20만원의 효용이 추가로 발생하므로 분식집과 한식집을 입주시킨다.

24 다음은 5가지의 영향력을 행사하는 방법과 순정, 석일이의 발언이다. 순정이와 석일이의 발언은 각각 어떤 방법에 해당하는가?

〈영향력을 행사하는 방법〉
- 합리적 설득 : 논리와 사실을 이용하여 제안이나 요구가 실행 가능하고, 그 제안이나 요구가 과업 목표 달성을 위해 필요하다는 것을 보여주는 방법
- 연합 전술 : 영향을 받는 사람들이 제안을 지지하거나 어떤 행동을 하도록 만들기 위해 다른 사람의 지지를 이용하는 방법
- 영감에 호소 : 이상에 호소하거나 감정을 자극하여 어떤 제안이나 요구사항에 몰입하도록 만드는 방법
- 교환 전술 : 제안에 대한 지지에 상응하는 대가를 제공하는 방법
- 합법화 전술 : 규칙, 공식적 방침, 공식 문서 등을 제시하여 제안의 적법성을 인식시키는 방법

〈발언〉
- 순정 : 이 기획안에 대해서는 이미 개발부와 재정부가 동의했습니다. 여러분들만 지지해준다면 계획을 성공적으로 완수할 수 있을 것입니다.
- 석일 : 이 기획안은 우리 기업의 비전과 핵심가치들을 담고 있습니다. 이 계획이야말로 우리가 그동안 염원했던 가치를 실현함으로써 회사의 발전을 이룩할 수 있는 기회라고 생각합니다. 여러분이 그동안 고생한 만큼 이 계획은 성공적으로 끝마쳐야 합니다.

① 순정 : 합리적 설득, 석일 : 영감에 호소
② 순정 : 연합 전술, 석일 : 영감에 호소
③ 순정 : 연합 전술, 석일 : 합법화 전술
④ 순정 : 영감에 호소, 석일 : 합법화 전술
⑤ 순정 : 영감에 호소, 석일 : 교환 전술

 ㉠ 순정 : 다른 사람들의 지지를 이용하기 때문에 '연합 전술'에 해당한다.
㉡ 석일 : 기업의 비전과 가치를 언급함으로써 이상에 호소하여 제안에 몰입하도록 하기 때문에 '영감에 호소'에 해당한다.

Answer → 23.② 24.②

25 G 음료회사는 신제품 출시를 위해 시제품 3개를 만들어 전직원을 대상으로 블라인드 테스트를 진행한 후 기획팀에서 회의를 하기로 했다. 독창성, 대중성, 개인선호도 세 가지 영역에 총 15점 만점으로 진행된 테스트 결과가 다음과 같을 때, 기획팀 직원들의 발언으로 옳지 않은 것은?

	독창성	대중성	개인선호도	총점
시제품 A	5	2	3	10
시제품 B	4	4	4	12
시제품 C	2	5	5	12

① 우리 회사의 핵심가치 중 하나가 창의성 아닙니까? 저는 독창성 점수가 높은 A를 출시해야 한다고 생각합니다.

② 독창성이 높아질수록 총점이 낮아지는 것을 보지 못하십니까? 저는 그 의견에 반대합니다.

③ 무엇보다 현 시점에서 회사의 재정상황을 타개하기 위해서는 대중성을 고려하여 높은 이윤이 날 것으로 보이는 C를 출시해야 하지 않겠습니까?

④ 저도 대중성과 개인선호도가 높은 C를 출시해야 한다고 생각합니다.

⑤ 그럼 독창성과 대중성, 개인선호도 점수가 비슷한 B를 출시하는 것이 어떻겠습니까?

(Tip) ② 시제품 B는 C에 비해 독창성 점수가 2점 높지만 총점은 같다. 따라서 옳지 않은 발언이다.

Answer ⟶ 25.②

자원관리능력 04

1 자원과 자원관리

(1) 자원

① 자원의 종류 … 물적자원, 인적자원

② 자원의 낭비요인 … 비계획적 행동, 편리성 추구, 자원에 대한 인식 부재, 노하우 부족

(2) 자원관리 기본 과정

① 필요한 자원의 종류와 양 확인

② 이용 가능한 자원 수집하기

③ 자원 활용 계획 세우기

④ 계획대로 수행하기

예제 1

당신은 A출판사 교육훈련 담당자이다. 조직의 효율성을 높이기 위해 전사적인 시간관리에 대한 교육을 실시하기로 하였지만 바쁜 일정 상 직원들을 집합교육에 동원할 수 있는 시간은 제한적이다. 다음 중 귀하가 최우선의 교육 대상으로 삼아야 하는 것은 어느 부분인가?

구분	긴급한 일	긴급하지 않은 일
중요한 일	제1사분면	제2사분면
중요하지 않은 일	제3사분면	제4사분면

[출제의도]
주어진 일들을 중요도와 긴급도에 따른 시간관리 매트릭스에서 우선순위를 구분할 수 있는가를 측정하는 문항이다.
[해설]
교육훈련에서 최우선 교육대상으로 삼아야 하는 것은 긴급하지 않지만 중요한 일이다. 이를 긴급하지 않다고 해서 뒤로 미루다보면 급박하게 처리해야하는 업무가 증가하여 효율적인 시간관리가 어려워진다.

① 중요하고 긴급한 일로 위기사항이나 급박한 문제, 기간이 정해진 프로젝트 등이 해당되는 제1사분면
② 긴급하지는 않지만 중요한 일로 인간관계구축이나 새로운 기회의 발굴, 중장기 계획 등이 포함되는 제2사분면
③ 긴급하지만 중요하지 않은 일로 잠깐의 급한 질문, 일부 보고서, 눈 앞의 급박한 사항이 해당되는 제3사분면
④ 중요하지 않고 긴급하지 않은 일로 하찮은 일이나 시간낭비거리, 즐거운 활동 등이 포함되는 제4사분면

구분	긴급한 일	긴급하지 않은 일
중요한 일	위기사항, 급박한 문제, 기간이 정해진 프로젝트	인간관계구축, 새로운 기회의 발굴, 중장기계획
중요하지 않은 일	잠깐의 급한 질문, 일부 보고서, 눈앞의 급박한 사항	하찮은 일, 우편물, 전화, 시간낭비거리, 즐거운 활동

탑 ②

2 자원관리능력을 구성하는 하위능력

(1) 시간관리능력

① 시간의 특성
  ㉠ 시간은 매일 주어지는 기적이다.
  ㉡ 시간은 똑같은 속도로 흐른다.
  ㉢ 시간의 흐름은 멈추게 할 수 없다.
  ㉣ 시간은 꾸거나 저축할 수 없다.
  ㉤ 시간은 사용하기에 따라 가치가 달라진다.

② 시간관리의 효과
  ㉠ 생산성 향상
  ㉡ 가격 인상
  ㉢ 위험 감소
  ㉣ 시장 점유율 증가

③ 시간계획
  ㉠ 개념 : 시간 자원을 최대한 활용하기 위하여 가장 많이 반복되는 일에 가장 많은 시간을 분배하고, 최단시간에 최선의 목표를 달성하는 것을 의미한다.

ⓛ 60 : 40의 Rule

계획된 행동 (60%)	계획 외의 행동 (20%)	자발적 행동 (20%)
총 시간		

예제 2

유아용품 홍보팀의 사원 은이씨는 일산 킨텍스에서 열리는 유아용품박람회에 참여하고자 한다. 당일 회의 후 출발해야 하며 회의 종료 시간은 오후 3시이다.

장소	일시
일산 킨텍스 제2전시장	2016. 1. 20(금) PM 15:00~19:00 * 입장가능시간은 종료 2시간 전까지

오시는 길
지하철 : 4호선 대화역(도보 30분 거리)
버스 : 8109번, 8407번(도보 5분 거리)

• 회사에서 버스정류장 및 지하철역까지 소요시간

출발지	도착지		소요시간
회사	×× 정류장	도보	15분
		택시	5분
	지하철역	도보	30분
		택시	10분

• 일산 킨텍스 가는 길

교통편	출발지	도착지	소요시간
지하철	강남역	대회역	1시간 25분
버스	×× 정류장	일산 킨텍스 정류장	1시간 45분

위의 제시 상황을 보고 은이씨가 선택할 교통편으로 가장 적절한 것은?

① 도보 – 지하철
② 도보 – 버스
③ 택시 – 지하철
④ 택시 – 버스

[출제의도]
주어진 여러 시간정보를 수집하여 실제 업무 상황에서 시간자원을 어떻게 활용할 것인지 계획하고 할당하는 능력을 측정하는 문항이다.
[해설]
④ 택시로 버스정류장까지 이동해서 버스를 타고 가게 되면 택시(5분), 버스(1시간 45분), 도보(5분)으로 1시간 55분이 걸린다.
① 도보-지하철 : 도보(30분), 지하철(1시간 25분), 도보(30분)이므로 총 2시간 25분이 걸린다.
② 도보-버스 : 도보(15분), 버스(1시간 45분), 도보(5분)이므로 총 2시간 5분이 걸린다.
③ 택시-지하철 : 택시(10분), 지하철(1시간 25분), 도보(30분)이므로 총 2시간 5분이 걸린다.

답 ④

---

(2) 예산관리능력

① 예산과 예산관리

ⓐ 예산 : 필요한 비용을 미리 헤아려 계산하는 것이나 그 비용

ⓛ **예산관리** : 활동이나 사업에 소요되는 비용을 산정하고, 예산을 편성하는 것뿐만 아니라 예산을 통제하는 것 모두를 포함한다.

② 예산의 구성요소

비용	직접비용	재료비, 원료와 장비, 시설비, 여행(출장) 및 잡비, 인건비 등
	간접비용	보험료, 건물관리비, 광고비, 통신비, 사무비품비, 각종 공과금 등

③ **예산수립 과정** : 필요한 과업 및 활동 구명 → 우선순위 결정 → 예산 배정

예제 3

당신은 가을 체육대회에서 총무를 맡으라는 지시를 받았다. 다음과 같은 계획에 따라 예산을 진행하였으나 확보된 예산이 생각보다 적게 되어 불가피하게 비용항목을 줄여야 한다. 다음 중 귀하가 비용 항목을 없애기에 가장 적절한 것은 무엇인가?

〈○○산업공단 춘계 1차 워크숍〉

1. 해당부서 : 인사관리팀, 영업팀, 재무팀
2. 일   정 : 2016년 4월 21일~23일(2박 3일)
3. 장   소 : 강원도 속초 ○○연수원
4. 행사내용 : 바다열차탑승, 체육대회, 친교의 밤 행사, 기타

① 숙식비   ② 식비
③ 교통비   ④ 기념품비

[출제의도]
업무에 소요되는 예산 중 꼭 필요한 것과 예산을 감축해야할 때 삭제 또는 감축이 가능한 것을 구분해내는 능력을 묻는 문항이다.
[해설]
한정된 예산을 가지고 과업을 수행할 때에는 중요도를 기준으로 예산을 사용한다. 위와 같이 불가피하게 비용 항목을 줄여야 한다면 기본적인 항목인 숙박비, 식비, 교통비는 유지되어야 하기에 항목을 없애기 가장 적절한 정답은 ④번이 된다.

답 ④

---

(3) 물적관리능력

① 물적자원의 종류

ⓖ **자연자원** : 자연상태 그대로의 자원 ex) 석탄, 석유 등

ⓛ **인공자원** : 인위적으로 가공한 자원 ex) 시설, 장비 등

② **물적자원관리** … 물적자원을 효과적으로 관리할 경우 경쟁력 향상이 향상되어 과제 및 사업의 성공으로 이어지며, 관리가 부족할 경우 경제적 손실로 인해 과제 및 사업의 실패 가능성이 커진다.

③ **물적자원 활용의 방해요인**

ⓖ 보관 장소의 파악 문제

ⓛ 훼손

ⓒ 분실

④ 물적자원관리 과정

과정	내용
사용 물품과 보관 물품의 구분	• 반복 작업 방지 • 물품활용의 편리성
동일 및 유사 물품으로의 분류	• 동일성의 원칙 • 유사성의 원칙
물품 특성에 맞는 보관 장소 선정	• 물품의 형상 • 물품의 소재

예제 4

S호텔의 외식사업부 소속인 K씨는 예약일정 관리를 담당하고 있다. 아래의 예약일정과 정보를 보고 K씨의 판단으로 옳지 않은 것은?

〈S호텔 일식 뷔페 1월 ROOM 예약 일정〉

* 예약 : ROOM 이름(시작시간)

SUN	MON	TUE	WED	THU	FRI	SAT
					1	2
				백합(16)		장미(11) 백합(15)
3	4	5	6	7	8	9
라일락(15)		백향목(10) 백합(15)	장미(10) 백향목(17)	백합(11) 라일락(18)	백향목(15)	장미(10) 라일락(15)

ROOM 구분	수용가능인원	최소투입인력	연회장 이용시간
백합	20	3	2시간
장미	30	5	3시간
라일락	25	4	2시간
백향목	40	8	3시간

- 오후 9시에 모든 업무를 종료함
- 한 타임 끝난 후 1시간씩 세팅 및 정리
- 동 시간 대 서빙 투입인력은 총 10명을 넘을 수 없음

안녕하세요, 1월 첫째 주 또는 둘째 주에 신년회 행사를 위해 ROOM을 예약하려고 하는데요, 저희 동호회의 총 인원은 27명이고 오후 8시쯤 마무리하려고 합니다. 신정과 주말, 월요일은 피하고 싶습니다. 예약이 가능할까요?

① 인원을 고려했을 때 장미ROOM과 백향목ROOM이 적합하겠군.
② 만약 2명이 안 온다면 예약 가능한 ROOM이 늘어나겠구나.
③ 조건을 고려했을 때 예약 가능한 ROOM은 5일 장미ROOM뿐이겠구나.
④ 오후 5시부터 8시까지 가능한 ROOM을 찾아야해.

[출제의도]
주어진 정보와 일정표를 토대로 이용 가능한 물적자원을 확보하여 이를 정확하게 안내할 수 있는 능력을 측정하는 문항이다. 고객이 제공한 정보를 정확하게 파악하고 그 조건 안에서 가능한 자원을 제공할 수 있어야 한다.

[해설]
③ 조건을 고려했을 때 5일 장미 ROOM과 7일 장미ROOM이 예약 가능하다.
① 참석 인원이 27명이므로 30명 수용 가능한 장미ROOM과 40명 수용 가능한 백향목ROOM 두 곳이 적합하다.
② 만약 2명이 안 온다면 총 참석인원 25명이므로 라일락ROOM, 장미 ROOM, 백향목ROOM이 예약 가능하다.
④ 오후 8시에 마무리하려고 계획하고 있으므로 적절하다.

답 ③

(4) 인적자원관리능력

① 인맥 … 가족, 친구, 직장동료 등 자신과 직접적인 관계에 있는 사람들인 핵심인맥과 핵심인맥들로부터 알게 된 파생인맥이 존재한다.

② 인적자원의 특성 … 능동성, 개발가능성, 전략적 자원

③ 인력배치의 원칙

    ㉠ 적재적소주의 : 팀의 효율성을 높이기 위해 팀원의 능력이나 성격 등과 가장 적합한 위치에 배치하여 팀원 개개인의 능력을 최대로 발휘해 줄 것을 기대하는 것

    ㉡ 능력주의 : 개인에게 능력을 발휘할 수 있는 기회와 장소를 부여하고 그 성과를 바르게 평가하며 평가된 능력과 실적에 대해 그에 상응하는 보상을 주는 원칙

    ㉢ 균형주의 : 모든 팀원에 대한 적재적소를 고려

④ 인력배치의 유형

    ㉠ 양적 배치 : 부문의 작업량과 조업도, 여유 또는 부족 인원을 감안하여 소요인원을 결정하여 배치하는 것

    ㉡ 질적 배치 : 적재적소의 배치

    ㉢ 적성 배치 : 팀원의 적성 및 흥미에 따라 배치하는 것

| 예제 5

최근 조직개편 및 연봉협상 과정에서 직원들의 불만이 높아지고 있다. 온갖 루머가 난무한 가운데 인사팀원인 당신에게 사내 게시판의 직원 불만사항에 대한 진위여부를 파악하고 대안을 세우라는 팀장의 지시를 받았다. 다음 중 당신이 조치를 취해야 하는 직원은 누구인가?

① 사원 A는 팀장으로부터 업무 성과가 탁월하다는 평가를 받았는데도 조직개편으로 인한 부서 통합으로 인해 승진을 못한 것이 불만이다.

② 사원 B는 회사가 예년에 비해 높은 영업 이익을 얻었는데도 불구하고 연봉 인상에 인색한 것이 불만이다.

③ 사원 C는 회사가 급여 정책을 변경해서 고정급 비율을 낮추고 기본급과 인센티브를 지급하는 제도로 바꾼 것이 불만이다.

④ 사원 D는 입사 동기인 동료가 자신보다 업무 실적이 좋지 않고 불성실한 근무태도를 가지고 있는데, 팀장과의 친분으로 인해 자신보다 높은 평가를 받은 것이 불만이다.

[출제의도]
주어진 직원들의 정보를 통해 시급하게 진위여부를 가리고 조치하여 인력배치를 해야 하는 사항을 확인하는 문제이다.

[해설]
사원 A, B, C는 각각 조직 정책에 대한 불만이기에 논의를 통해 조직적으로 대처하는 것이 옳지만, 사원 D는 팀장의 독단적인 전횡에 대한 불만이기 때문에 조사하여 시급히 조치할 필요가 있다. 따라서 가장 적절한 답은 ④번이 된다.

답 ④

1 인적자원 관리의 특징에 관한 다음 ㈎~㈜의 설명 중 그 성격이 같은 것끼리 알맞게 구분한 것은?

> ㈎ 개인에게 능력을 발휘할 수 있는 기회와 장소를 부여하고, 그 성과를 바르게 평가하고, 평가된 능력과 실적에 대해 그에 상응하는 보상을 주어야 한다.
>
> ㈏ 팀 전체의 능력향상, 의식개혁, 사기앙양 등을 도모하는 의미에서 전체와 개체가 균형을 이루어야 한다.
>
> ㈐ 많은 사람들이 번거롭다는 이유로 자신의 인맥관리에 소홀히 하는 경우가 많지만 인맥관리는 자신의 성공을 위한 첫걸음이라는 생각을 가져야 한다.
>
> ㈑ 효율성을 높이기 위해 팀원의 능력이나 성격 등과 가장 적합한 위치에 배치하여 팀원 개개인의 능력을 최대로 발휘해 줄 것을 기대한다.

① ㈎, ㈏ / ㈐, ㈑

② ㈎ / ㈏, ㈐, ㈑

③ ㈎, ㈑ / ㈏, ㈐

④ ㈎, ㈏, ㈑ / ㈐

⑤ ㈎, ㈏, ㈐ / ㈑

 ㈎, ㈏, ㈑는 조직 차원에서의 인적자원관리의 특징이고, ㈐는 개인 차원에서의 인적자원관리능력의 특징으로 구분할 수 있다. 한편, 조직의 인력배치의 3대 원칙에는 적재적소주의 – ㈑, 능력주의 – ㈎, 균형주의 – ㈏가 있다.

Answer 1.④

2 다음은 A의류매장의 판매 직원이 매장 물품 관리 시스템에 대하여 설명한 내용이다. 이를 참고할 때, bar code와 QR 코드 관리 시스템의 특징으로 적절하지 않은 것은?

> "저희 매장의 모든 제품은 입고부터 판매까지 스마트 기기와 연동된 전산화 시스템으로 운영되고 있어요. 제품 포장 상태에 따라 bar code와 QR 코드로 구분하여 아주 효과적인 관리를 하는 거지요. 이 조그만 전산 기호 안에 필요한 모든 정보가 입력되어 있어 간단한 스캔만으로 제품의 이동 경로와 시기 등을 손쉽게 파악하는 겁니다. 제품군을 분류하여 관리하거나 적정 재고량을 파악하는 데에도 매우 효율적인 관리 시스템인 셈입니다."

① QR 코드는 bar code보다 많은 양의 정보를 담을 수 있다.

② bar code는 제품군과 특성을 기준으로 물품을 대/중/소분류에 의해 관리한다.

③ bar code는 물품의 정보를 기호화하여 관리하는 것이다.

④ 최근 유통업계는 QR 코드 도입에 앞장서고 있다.

⑤ bar code의 정보는 검은 막대의 개수와 숫자로 구분된다.

(Tip) 현대사회에서는 물적자원에 대한 관리가 매우 중요한 사안이며 bar code와 QR 코드뿐 아니라 이를 지원하는 다양한 기법이나 프로그램들이 개발되고 있어 bar code와 QR 코드에 대한 이해가 필요하다.
⑤ bar code의 정보는 검은 막대와 하얀 막대의 서로 다른 굵기의 조합에 의해 기호화 되는 것이며, 제품군과 특성을 기준으로 물품을 대/중/소분류에 의해 관리하게 된다.

3 다음 중 직무상 필요한 가장 핵심적인 네 가지 자원에 해당하는 설명이 아닌 것은?

① 민간기업이나 공공단체 및 기타 조직체는 물론이고 개인의 수입·지출에 관한 것도 포함하는 가치

② 인간이 약한 신체적 특성을 보완하기 위하여 활용하는, 정상적인 인간의 활동에 수반되는 많은 자원들

③ 기업이 나아가야 할 방향과 목적 등 기업 전체가 공유하는 비전, 가치관, 사훈, 기본 방침 등으로 표현되는 것

④ 매일 주어지며 똑같은 속도로 흐르지만 멈추거나 빌리거나 저축할 수 없는 것

⑤ 산업이 발달함에 따라 생산 현장이 첨단화, 자동화되었지만 여전히 기본적인 생산요소를 효율적으로 결합시켜 가치를 창조하는 자원

(Tip) ③은 기업 경영의 목적에 대한 설명이다.
기업 경영에 필수적인 네 가지 자원으로는 시간(④), 예산(①), 인적자원(⑤), 물적자원(②)이 있으며 물적자원은 다시 인공자원과 천연자원으로 나눌 수 있다.

4 홍보팀장은 다음 달 예산안을 정리하며 예산 업무 담당자에게 간접비용이 전체 직접비용의 30%를 넘지 않게 유지되도록 관리하라는 지시를 내렸다. 홍보팀의 다음과 같은 예산안에서 빈칸 A와 B에 들어갈 수 있는 금액으로 적당한 것은 어느 것인가?

〈예산안〉

• 원재료비 : 1억 3천만 원   • 장비 및 시설비 : 2억 5천만 원

• 보험료 : 2천 5백만 원   • 광고료 : (B)

• 시설 관리비 : 2천 9백만 원   • 인건비 : 2천 2백만 원

• 출장비 : (A)   • 통신비 : 6백만 원

① A : 6백만 원, B : 7천만 원   ② A : 8백만 원, B : 6천만 원

③ A : 1천만 원, B : 7천만 원   ④ A : 5백만 원, B : 7천만 원

⑤ A : 5백만 원, B : 8천만 원

 주어진 비용 항목 중 원재료비, 장비 및 시설비, 출장비, 인건비는 직접비용, 나머지는 간접비용이다.
  • 직접비용 총액 : 4억 2백만 원 + A
  • 간접비용 총액 : 6천만 원 + B
  간접비용이 전체 직접비용의 30%를 넘지 않게 유지하여야 하므로,
  (4억 2백만 원 + A) × 0.3 ≧ 6천만 원 + B
  따라서 보기 중 ②와 같이 출장비에 8백만 원, 광고료에 6천만 원이 책정될 경우에만, 직접비용 총계는 4억 1천만 원, 간접비용 총계는 1억 2천만 원이므로 팀장의 지시사항을 준수할 수 있다.

5 회계팀에서 업무를 시작하게 된 길동이는 각종 내역의 비용이 어느 항목으로 분류되어야 하는지 정리 작업을 하고 있다. 다음 중 길동이가 나머지와 다른 비용으로 분류해야 하는 것은?

① 구매부 자재 대금으로 지불한 U$7,000

② 상반기 건물 임대료 및 관리비

③ 임직원 급여

④ 계약 체결을 위한 영업부 직원 출장비

⑤ 컴프레셔 구매 대금 1,200만원

 ②는 간접비용, 나머지는 직접비용의 지출 항목으로 분류해야 한다.
  ※ 직접비용과 간접비용으로 분류되는 지출 항목은 다음과 같은 것들이 있다.
    ㉠ 직접비용 : 재료비, 원료와 장비, 시설비, 출장 및 잡비, 인건비 등
    ㉡ 간접비용 : 보험료, 건물관리비, 광고비, 통신비, 사무비품비, 각종 공과금 등

Answer → 2.⑤   3.③   4.②   5.②

6 다음 중 신입사원 인성씨가 해야 할 일을 시간관리 매트릭스 4단계로 구분한 것으로 잘못 된 것은?

〈인성씨가 해야 할 일〉

㉠ 어제 못 본 드라마보기   ㉤ 회의하기
㉡ 마감이 정해진 프로젝트   ㉥ 자기개발하기
㉢ 인간관계 구축하기   ㉦ 상사에게 급한 질문하기
㉣ 업무 보고서 작성하기

〈시간관리 매트릭스〉

	긴급함	긴급하지 않음
중요함	제1사분면	제2사분면
중요하지 않음	제3사분면	제4사분면

① 제1사분면 : ㉢
② 제2사분면 : ㉥
③ 제3사분면 : ㉣
④ 제3사분면 : ㉤
⑤ 제4사분면 : ㉠

〈시간관리 매트릭스〉

	긴급함	긴급하지 않음
중요함	㉡	㉢㉥
중요하지 않음	㉣㉤㉦	㉠

7 다음 사례에 알맞은 분석은 무엇인가?

> 수민이는 최근 액세서리를 만드는 아르바이트를 하고 있다. 수입은 시간당 7천 원이고 재료비는 따로 들어간다. 시간당 들어가는 비용은 다음과 같다.
>
> (단위 : 원)
>
> | 시간 | 3 | 4 | 5 | 6 | 7 |
> |---|---|---|---|---|---|
> | 비용 | 11,000 | 15,000 | 22,000 | 28,000 | 36,000 |

① 수민이가 1시간 더 일할 때마다 추가로 발생하는 비용은 일정하다.

② 수민이는 하루에 6시간 일하는 것이 가장 합리적이다.

③ 수민이가 아르바이트로 하루에 최대로 얻을 수 있는 순이익은 15,000원이다.

④ 수민이가 1시간 더 일할 때마다 추가로 발생하는 수입은 계속 증가한다.

⑤ 수민이가 하루에 4시간 일을 하면 순이익은 28,000원이다.

(단위 : 원)

시간	3	4	5	6	7
수입	21,000	28,000	35,000	42,000	49,000
비용	11,000	15,000	22,000	28,000	36,000

① 수민이가 1시간 더 일할 때마다 추가로 발생하는 비용은 일정하지 않다.

③ 수민이가 아르바이트로 하루에 최대로 얻을 수 있는 순이익은 14,000원이다.

④ 수민이가 1시간 더 일할 때마다 추가로 발생하는 수입은 7,000원으로 일정하다.

⑤ 수민이가 하루에 4시간 일을 하면 순이익은 13,000원이다.

Answer 6.① 7.②

8 경비 집행을 담당하는 H대리는 이번 달 사용한 비용 내역을 다음과 같이 정리하였다. 이를 본 팀장은 H대리에게 이번 달 간접비의 비중이 직접비의 25%를 넘지 말았어야 했다고 말한다. 다음 보기와 같이 H대리가 생각하는 내용 중 팀장이 이번 달 계획했던 비용 지출 계획과 어긋나는 것은 어느 것인가?

> 〈이번 달 비용 내역〉
>
> * 직원 급여 1,200만 원   * 출장비 200만 원
> * 설비비 2,200만 원   * 자재대금 400만 원
> * 사무실 임대료 300만 원   * 수도/전기세 35만 원
> * 광고료 600만 원   * 비품 30만 원
> * 직원 통신비 60만 원

① '비품을 다음 달에 살 걸 그랬네...'
② '출장비가 80만 원만 더 나왔어도 팀장님이 원하는 비중대로 되었을 텐데...'
③ '어쩐지 수도/전기세를 다음 달에 몰아서 내고 싶더라...'
④ '직원들 통신비를 절반으로 줄이기만 했어도...'
⑤ '가만, 내가 설비비 부가세를 포함했는지 확인해야겠다. 그것만 포함되면 될 텐데...'

 제시된 항목 중 직접비는 직원 급여, 출장비, 설비비, 자재대금으로 총액 4,000만 원이며, 간접비는 사무실 임대료, 수도/전기세, 광고료, 비품, 직원 통신비로 총액 1,025만 원이다. 따라서 출장비가 280만 원이 되면 직접비 총액이 4,080만 원이 되므로 여전히 간접비는 직접비의 25%가 넘게 된다.
① 30만 원이 절약되므로 간접비는 직접비의 25% 이하가 된다.
③ 간접비가 35만 원 절약되므로 팀장의 지시 사항에 어긋나지 않게 된다.
④ 간접비 총액이 1,000만원 밑으로 내려가므로 팀장의 지시 사항에 어긋나지 않게 된다.
⑤ 직접비가 220만 원 상승하므로 팀장의 지시 사항에 어긋나지 않게 된다.

9 다음 글을 읽고 A랜드 지자체 공무원의 판단으로 적절한 것은?

> A랜드의 지자체는 전액 국가의 재정지원을 받는 총사업비 460억 원 규모의 건설사업을 추진하려고 한다. 사업완성에는 2년 이상이 소요될 것으로 보인다. 이에, 건설사업을 담당하는 공무원은 다음과 같은 규정을 찾아보았다.
>
> 〈A랜드 사업타당성조사 규정〉
>
> 제1조(예비타당성조사 대상사업)
> 신규 사업 중 총사업비가 500억 원 이상이면서 국가의 재정지원 규모가 300억 원 이상인 건설사업, 정보화사업, 국가연구개발사업에 대해 예비타당성조사를 실시한다.
>
> 제2조(타당성조사의 대상사업과 실시)
> ① 제1조에 해당하지 않는 사업으로서, 국가 예산의 지원을 받아 지자체 · 공기업 · 준정부기관 · 기타 공공기간 또는 민간이 시행하는 사업 중 완성에 2년 이상이 소요되는 다음 사업을 타당성조사 대상사업으로 한다.
>   ⊙ 총사업비가 500억 원 이상인 토목사업 및 정보화사업
>   ⓒ 총사업비가 200억 원 이상인 건설사업
> ② 제1항의 대상사업 중 다음 어느 하나에 해당하는 경우에는 타당성조사를 실시하여야 한다.
>   ⊙ 사업추진 과정에서 총사업비가 예비타당성조사의 대상 규모로 증가한 사업
>   ⓒ 사업물량 또는 토지 등의 규모 증가로 인하여 총사업비가 100분의 20 이상 증가한 사업

① 해당 건설사업은 국가의 재정지원 규모가 300억 원 이상인 건설사업이므로 예비타당성조사를 실시한다.

② 해당 건설사업은 타당성조사의 대상사업에 포함되지 않으므로 이 규정을 무시한다.

③ 해당 건설사업 추진 과정에서 총사업비가 10% 증가한다면 타당성조사를 실시하여야 하다.

④ 토지 등의 규모 증가로 인해 총사업비가 20억 원 정도 증가한다면 타당성조사를 실시하여야 한다.

⑤ 해당 건설사업을 토목사업으로 변경한다면 타당성조사의 대상사업에 해당한다.

 ① 예비타당성조사 대상사업은 총사업비가 500억 원 이상이면서 국가의 재정지원 규모가 300억 원 이상인 건설사업이다.
   ② 지자체가 시행하는 사업으로 완성에 2년 이상이 소요되고 총사업비가 200억 원 이상인 건설사업이므로 타당성조사의 대상사업이 된다.
   ④ 토지 규모 증가로 인하여 20억 원 증가는 100분의 20 이상 증가에 해당하지 않는다.
   ⑤ 토목사업은 총사업비가 500억 원 이상이 기준이므로 타당성조사 대상사업에 해당되지 않는다.

Answer → 8.②   9.③

10 甲과 乙은 산양우유를 생산하여 판매하는 ○○목장에서 일한다. 다음을 바탕으로 물음에 답하시오. ㉠~㉣ 중 옳게 기록된 것만을 고른 것은?

- ○○목장은 A~D의 4개 구역으로 이루어져 있으며 산양들은 자유롭게 다른 구역을 넘나들 수 있지만 목장을 벗어나지 않는다.
- 甲과 乙은 산양을 잘 관리하기 위해 구역별 산양의 수를 파악하고 있어야 하는데, 산양들이 계속 구역을 넘나들기 때문에 산양의 수를 정확히 헤아리는 데 어려움을 겪고 있다.
- 고민 끝에 甲과 乙은 시간별로 산양의 수를 기록하되, 甲은 특정 시간 특정 구역의 산양의 수만을 기록하고, 乙은 산양이 구역을 넘나들 때마다 그 시간과 그때 이동한 산양의 수를 기록하기로 하였다.
- 甲과 乙이 같은 날 오전 9시부터 오전 10시 15분까지 작성한 기록표는 다음과 같으며, ㉠~㉣을 제외한 모든 기록은 정확하다.

甲의 기록표			乙의 기록표		
시간	구역	산양 수	시간	구역 이동	산양 수
09:10	A	17마리	09:08	B → A	3마리
09:22	D	21마리	09:15	B → D	2마리
09:30	B	8마리	09:18	C → A	5마리
09:45	C	11마리	09:32	D → C	1마리
09:58	D	㉠21마리	09:48	A → C	4마리
10:04	A	㉡18마리	09:50	D → B	1마리
10:10	B	㉢12마리	09:52	C → D	3마리
10:15	C	㉣10마리	10:05	C → B	2마리

- 구역 이동 외 산양의 수 변화는 고려하지 않는다.

① ㉠, ㉡
② ㉠, ㉢
③ ㉡, ㉢
④ ㉡, ㉣
⑤ ㉢, ㉣

 ㉠ 09:22에 D구역에 있었던 산양 21마리에서 09:32에 C구역으로 1마리, 09:50에 B구역으로 1마리가 이동하였고 09:52에 C구역에서 3마리가 이동해 왔으므로 09:58에 D구역에 있는 산양은 21 − 1 − 1 + 3 = 22마리이다.

㉡ 09:10에 A구역에 있었던 산양 17마리에서 09:18에 C구역에서 5마리가 이동해 왔고 09:48에 C구역으로 4마리가 이동하였으므로 10:04에 A구역에 있는 산양은 17 + 5 − 4 = 18마리이다.

㉢ 09:30에 B구역에 있었던 산양 8마리에서 09:50에 D구역에서 1마리가 이동해 왔고, 10:05에 C구역에서 2마리가 이동해 왔으므로 10:10에 B구역에 있는 산양은 8 + 1 + 2 = 11마리이다.

㉣ 09:45에 C구역에 있었던 11마리에서 09:48에 A구역에서 4마리가 이동해 왔고, 09:52에 D구역으로 3마리, 10:05에 B구역으로 2마리가 이동하였으므로 10:15에 C구역에 있는 산양은 11 + 4 − 3 − 2 = 10마리이다.

11 K공사는 사내 냉방 효율을 위하여 층별 에어컨 수와 종류를 조정하려고 한다. 사내 냉방 효율 조정 방안을 충족하되 버리는 구형 에어컨과 구입하는 신형 에어컨을 최소화하고자 할 때, K공사는 신형 에어컨을 몇 대 구입해야 하는가?

사내 냉방 효율 조정 방안		
적용순서	조건	미충족 시 조정 방안
1	층별 월 전기료 60만 원 이하	구형 에어컨을 버려 조건 충족
2	구형 에어컨 대비 신형 에어컨 비율 1/2 이상 유지	신형 에어컨을 구입해 조건 충족

※ 구형 에어컨 1대의 월 전기료는 4만원이고, 신형 에어컨 1대의 월 전기료는 3만원이다.

사내 냉방시설 현황						
	1층	2층	3층	4층	5층	6층
구형	9	15	12	8	13	10
신형	5	7	6	3	4	5

① 1대
② 2대
③ 3대
④ 4대
⑤ 5대

 먼저 '층별 월 전기료 60만 원 이하' 조건을 적용해 보면 2층, 3층, 5층에서 각각 6대, 2대, 1대의 구형 에어컨을 버려야 한다. 다음으로 '구형 에어컨 대비 신형 에어컨 비율 1/2 이상 유지' 조건을 적용하면 4층, 5층에서 각각 1대, 2대의 신형 에어컨을 구입해야 한다. 그런데 5층에서 신형 에어컨 2대를 구입하게 되면 구형 에어컨 12대와 신형 에어컨 6대가 되어 월 전기료가 60만 원이 넘게 되므로 2대의 구형 에어컨을 더 버려야 하며, 신형 에어컨은 1대만 구입하면 된다. 따라서 A상사가 구입해야 하는 신형 에어컨은 총 2대이다.

12 ○○지자체의 예산으로 다음과 같이 귀농인을 지원하려고 한다. ○○지자체의 공무원은 누구를 지원하여야 하는가?

□ 신청자격

○○지자체에 소재하는 귀농가구 중 거주기간이 6개월 이상이고, 가구주의 연령이 20세 이상 60세 이하인 가구

심사기준 및 점수 산정방식

• 다음 심사기준별 점수를 합산한다.
• 심사기준별 점수
- 거주기간 : 10점(3년 이상), 8점(2년 이상 3년 미만), 6점(1년 이상 2년 미만), 4점(6개월 이상 1년 미만)
- 가족 수 : 10점(4명 이상), 8점(3명), 6점(2명), 4점(1명)
  ※ 가족 수에는 가구주가 포함된 것으로 본다.
- 영농규모 : 10점(1.0ha 이상), 8점(0.5ha 이상 1.0 미만), 6점(0.3ha 이상 0.5ha 미만), 4점(0.3ha 미만)
- 주택노후도 10점(20년 이상), 8점(15년 이상 20년 미만), 6점(10년 이상 15년 미만), 4점(5년 이상 10년 미만)
- 사업시급성 : 10점(매우 시급), 7점(시급), 4점(보통)

□ 지원내용

• 지원목적 : 귀농인의 안정적인 정착을 도모하기 위해 일정 기준을 충족하는 귀농가구의 주택 개·보수 비용을 지원
• 예산액 : 6,000,000원
• 지원액 : 가구당 3,000,000원
• 지원대상 : 심사기준별 점수의 총점이 높은 순으로 2가구를 지원(총점이 동점일 경우 가구주의 연령이 높은 가구를 지원)

〈심사 기초 자료〉

귀농가구	가구주 연령(세)	거주기간	가족수 (명)	영농규모 (ha)	주택 노후도 (년)	사업 시급성
A	48	4년 4개월	1	0.2	20	매우 시급
B	47	11개월	3	1.1	14	매우 시급
C	55	1년 9개월	2	0.7	22	매우 시급
D	60	7개월	4	0.3	14	보통
E	35	2년 7개월	1	1.4	17	시급

① A, B
② A, C
③ B, C
④ C, E
⑤ D, E

심사기준별 점수를 합산해보면 다음과 같다.

귀농가구	거주기간	가족수	영농규모	주택 노후도	사업 시급성	총점
A	10	4	4	10	10	38
B	4	8	10	6	10	38
C	6	6	8	10	10	40
D	4	10	6	6	4	30
E	8	4	10	8	7	37

C가 총점이 가장 높으므로 C가 지원대상이 되며, A와 B는 총점이 동일하므로 가구주의 연령이 높은 A가 지원대상이 된다.

Answer↪ 12.②

13 제시된 자료는 ○○기관 직원의 교육비 지원에 대한 내용이다. 다음 중 A~D 직원 4명의 총 교육비 지원 금액은 얼마인가?

교육비 지원 기준

• 임직원 본인의 대학 및 대학원 학비 : 100% 지원
• 임직원 가족의 대학 및 대학원 학비
– 임직원의 직계 존 · 비속 : 90% 지원
– 임직원의 형제 및 자매 : 80% 지원(단, 직계 존 · 비속 지원이 우선되며, 해당 신청이 없을 경우에 한하여 지급함)
– 교육비 지원 신청은 본인을 포함 최대 3인에 한한다.

교육비 신청 내역	
A 직원	본인 대학원 학비 3백만 원, 동생 대학 학비 2백만 원
B 직원	딸 대학 학비 2백만 원
C 직원	본인 대학 학비 3백만 원, 아들 대학 학비 4백만 원
D 직원	본인 대학 학비 2백만 원, 딸 대학 학비 2백만 원, 아들 대학원 학비 2백만 원

① 15,200,000원
② 17,000,000원
③ 18,600,000원
④ 26,200,000원
⑤ 28,400,000원

 교육비 지원 기준에 따라 각 직원이 지원 받을 수 있는 내역을 정리하면 다음과 같다.

A	• 본인 대학원 학비 3백만 원(100% 지원) • 동생 대학 학비 2백만 원(형제 및 자매→80% 지원) = 160만 원	총 460만 원
B	딸 대학 학비 2백만 원(직계 비속→90% 지원) = 180만 원	총 180만 원
C	본인 대학 학비 3백만 원(100% 지원) 아들 대학 학비 4백만 원(직계 비속→90% 지원) = 360만 원	총 660만 원
D	본인 대학 학비 2백만 원(100% 지원) 딸 대학 학비 2백만 원(90% 지원) = 180만 원 아들 대학원 학비 2백만 원(90% 지원) = 180만 원	총 560만 원

따라서 A~D 직원 4명의 총 교육비 지원 금액은 1,860만 원이고, 이를 원단위로 표현하면 18,600,000 원이다.

14 A국에서는 다음과 같이 여성폭력피해자 보호시설에 대해 보조금을 지급하려고 한다. 甲, 乙, 丙, 丁의 4개 보호시설에 대해 보조금을 지급한다면 필요한 예산의 총액은 얼마인가?

---

1. 여성폭력피해자 보호시설 운영비
   - 종사자 1~2인 시설 : 200백만 원
   - 종사자 3~4인 시설 : 300백만 원
   - 종사자 5인 이상 시설 : 400백만 원
   ※ 단, 평가등급이 1등급인 보호시설에는 해당 지급액의 100%를 지급하지만, 2등급인 보호시설에는 80%, 3등급인 보호시설에는 60%를 지급한다.
2. 여성폭력피해자 보호시설 사업비
   - 종사자 1~3인 시설 : 60백만 원
   - 종사자 4인 이상 시설 : 80백만 원
3. 여성폭력피해자 보호시설 종사자 장려수당
   - 종사자 1인당 50백만 원
4. 여성폭력피해자 보호시설 입소자 간식비
   - 입소자 1인당 1백만 원

〈여성폭력피해자 보호시설 현황〉

보호시설	평가등급	종사자 수(인)	입소자 수(인)
甲	1	4	7
乙	1	2	8
丙	2	4	10
丁	3	5	12

---

① 2,067백만 원

② 2,321백만 원

③ 2,697백만 원

④ 2,932백만 원

⑤ 3,137백만 원

 甲 : 300＋80＋200＋7＝587(백만 원)
乙 : 200＋60＋100＋8＝368(백만 원)
丙 : 240＋80＋200＋10＝530(백만 원)
丁 : 240＋80＋250＋12＝582(백만 원)
따라서 587＋368＋530＋582＝2,067(백만 원)이다.

Answer↴ 13.③ 14.①

15 다음 재고 현황을 통해 파악할 수 있는 완성품의 최대 수량과 완성품 1개당 소요 비용은 얼마인가? (단, 완성품은 A, B, C, D의 부품이 모두 조립되어야 하고 다른 조건은 고려하지 않는다)

부품명	완성품 1개당 소요량(개)	단가(원)	재고 수량(개)
A	2	50	100
B	3	100	300
C	20	10	2,000
D	1	400	150

	완성품의 최대 수량(개)	완성품 1개당 소요 비용(원)
①	50	100
②	50	500
③	50	1,000
④	100	500
⑤	100	1,000

 재고 수량에 따라 완성품을 A 부품으로는 $100 \div 2 = 50$개, B 부품으로는 $300 \div 3 = 100$개, C 부품으로는 $2,000 \div 20 = 100$개, D 부품으로는 $150 \div 1 = 150$개까지 만들 수 있다. 완성품은 A, B, C, D가 모두 조립되어야 하므로 50개만 만들 수 있다.
완성품 1개당 소요 비용은 완성품 1개당 소요량과 단가의 곱으로 구하면 되므로 A 부품 $2 \times 50 = 100$원, B 부품 $3 \times 100 = 300$원, C 부품 $20 \times 10 = 200$원, D 부품 $1 \times 400 = 400$원이다.
이를 모두 합하면 $100 + 300 + 200 + 400 = 1,000$원이 된다.

16 다음은 (주)서원기업의 재고 관리 사례이다. 금요일까지 부품 재고 수량이 남지 않게 완성품을 만들 수 있도록 월요일에 주문할 A ~ C 부품 개수로 옳은 것은? (단, 주어진 조건 이외에는 고려하지 않는다)

〈부품 재고 수량과 완성품 1개당 소요량〉

부품명	부품 재고 수량	완성품 1개당 소요량
A	500	10
B	120	3
C	250	5

〈완성품 납품 수량〉

항목 \ 요일	월	화	수	목	금
완성품 납품 개수	없음	30	20	30	20

〈조건〉
1. 부품 주문은 월요일에 한 번 신청하며 화요일 작업 시작 전 입고된다.
2. 완성품은 부품 A, B, C를 모두 조립해야 한다.

	A	B	C
①	100	100	100
②	100	180	200
③	500	100	100
④	500	180	250
⑤	500	150	250

 완성품 납품 개수는 30＋20＋30＋20으로 총 100개이다. 완성품 1개당 부품 A는 10개가 필요하므로 총 1,000개가 필요하고, B는 300개, C는 500개가 필요하다. 이때 각 부품의 재고 수량에서 부품 A는 500 개를 가지고 있으므로 필요한 1,000개에서 가지고 있는 500개를 빼면 500의 부품을 주문해야 한다. 부품 B는 120개를 가지고 있으므로 필요한 300개에서 가지고 있는 120개를 빼면 180개를 주문해야 하며, 부품 C는 250개를 가지고 있으므로 필요한 500개에서 가지고 있는 250개를 빼면 250개를 주문해야 한다.

Answer⌐→ 15.③ 16.④

17 다음은 K공사의 신입사원 채용에 관한 안내문의 일부 내용이다. 다음 내용을 근거로 할 때, K공사가 안내문의 내용에 부합되게 취할 수 있는 행동이라고 볼 수 없는 것은?

□ 기타 유의사항

• 모든 응시자는 1인 1개 분야만 지원할 수 있습니다.

• 응시 희망자는 지역제한 등 응시자격을 미리 확인하고 응시원서를 접수하여야 하며, 응시원서의 기재사항 누락, 공인어학능력시험 점수 및 자격증·장애인·취업지원대상자 가산점수·가산비율 기재 착오, 연락불능 등으로 발생되는 불이익은 일체 응시자의 책임으로 합니다.

• 입사지원서 작성내용은 추후 증빙서류 제출 및 관계기관에 조회할 예정이며 내용을 허위로 입력한 경우에는 합격이 취소됩니다.

• 응시자는 시험장소 공고문, 답안지 등에서 안내하는 응시자 주의사항에 유의하여야 하며, 이를 준수하지 않을 경우에 본인에게 불이익이 될 수 있습니다.

• 원서접수결과 지원자가 채용예정인원 수와 같거나 미달하더라도 적격자가 없는 경우 선발하지 않을 수 있습니다.

• 시험일정은 사정에 의하여 변경될 수 있으며 변경내용은 7일 전까지 공사 채용홈페이지를 통해 공고할 계획입니다.

• 제출된 서류는 본 채용목적 이외에는 사용하지 않으며, 채용절차의 공정화에 관한 법령에 따라 최종합격자 발표일 이후 180일 이내에 반환청구를 할 수 있습니다.

• 최종합격자 중에서 신규임용후보자 등록을 하지 않거나 관계법령에 의한 신체검사에 불합격한 자 또는 공사 인사규정 제21조에 의한 응시자격 미달자는 신규임용후보자 자격을 상실하고 차순위자를 추가합격자로 선발할 수 있습니다.

• 임용은 교육성적을 포함한 채용시험 성적순으로 순차적으로 임용하되, 장애인 또는 경력자의 경우 성적순위에도 불구하고 우선 임용될 수 있습니다.

※ 공사 인사규정 제22조 제2항에 의거 신규임용후보자의 자격은 임용후보자 등록일로부터 1년으로 하며, 필요에 따라 1년의 범위 안에서 연장될 수 있습니다.

① 동일한 응시자가 사무직과 운영직에 중복 응시한 사실이 발견되어 임의로 운영직 응시 관련 사항 일체를 무효처리하였다.

② 대학 졸업예정자로 채용된 A씨는 마지막 학기 학점이 부족하여 졸업이 미뤄지는 바람에 채용이 취소되었다.

③ 50명 선발이 계획되어 있었고, 45명이 지원을 하였으나 42명만 선발하였다.

④ 최종합격자 중 신규임용후보자 자격을 상실한 자가 있어 불합격자 중 임의의 인원을 추가 선발하였다.

⑤ 채용에 합격하지 못한 B씨는 합격자 발표 당일 제출했던 서류를 돌려달라고 청구하여 반환받았다.

④ 결원이 생겼을 때에는 그대로 추가 선발 없이 채용을 마감할 수 있으며, 추가합격자를 선발할 경우 반드시 차순위자를 선발하여야 한다.

① 모든 응시자는 1인 1개 분야만 지원할 수 있다. 따라서 중복 응시에 대해 어느 한쪽을 임의로 무효 처리할 수 있다.

② 입사지원서 작성 내용과 다르게 된 결과이므로 취소 처분이 가능하다.

③ 지원자가 채용예정인원 수와 같거나 미달하더라도 적격자가 없는 경우 선발하지 않을 수 있다.

⑤ 최종합격자 발표일 이후 180일 이내에 반환청구를 할 수 있다.

18 신입사원 H씨는 팀의 다음 사업에 대한 계획을 마련하기 위해 각국의 환경오염의 실태와 해결방안을 조사해서 보고서를 올리라는 지시를 받았다. 다음의 보고서 작성 순서를 바르게 나열한 것은?

> ㉠ 보고서에 들어갈 내용 중 너무 긴 내용은 표나 그래프로 작성한다.
> ㉡ 해외 여러 나라들의 환경오염실태와 해결했던 실례들을 수집한다.
> ㉢ 어떤 내용, 어떤 흐름으로 보고서를 작성할지 구상하고 개요를 작성한다.

① ㉠㉡㉢

② ㉠㉢㉡

③ ㉡㉠㉢

④ ㉢㉡㉠

⑤ ㉢㉠㉡

 보고서를 어떻게 구성해야할지에 대해서 고민하고 개요를 작성한 후 자료를 수집하는 것이 시간을 절약 할 수 있고, 구성 면에서도 우수한 보고서를 작성할 수 있다.

Answer → 17.④ 18.④

19 다음 〈표〉는 K국 '갑'∼'무' 공무원의 국외 출장 현황과 출장 국가별 여비 지급 기준액을 니다낸 자료이다. 〈표〉와 〈조건〉을 근거로 출장 여비를 지급받을 때, 출장 여비를 가장 많이 지급받는 출장자는 누구인가?

〈표1〉 K국 '갑'∼'무' 공무원 국외 출장 현황

출장자	출장국가	출장기간	숙박비 지급 유형	1박 실지출 비용($/박)	출장 시 개인 마일리지 사용 여부
갑	A	3박 4일	실비지급	145	미사용
을	A	3박 4일	정액지급	130	사용
병	B	3박 5일	실비지급	110	사용
정	C	4박 6일	정액지급	75	미사용
무	D	5박 6일	실비지급	75	사용

※ 각 출장자의 출장 기간 중 매 박 실지출 비용은 변동 없음

〈표2〉 출장 국가별 1인당 여비 지급 기준액

출장국가 \ 구분	1일 숙박비 상한액($/박)	1일 식비($/일)
A	170	72
B	140	60
C	100	45
D	85	35

〈조건〉

㉠ 출장 여비($) = 숙박비 + 식비
㉡ 숙박비는 숙박 실지출 비용을 지급하는 실비지급 유형과 출장국가 숙박비 상한액의 80%를 지급하는 정액지급 유형으로 구분
 • 실비지급 숙박비($) = (1박 실지출 비용) × ('박' 수)
 • 정액지급 숙박비($) = (출장국가 1일 숙박비 상한액) × ('박' 수) × 0.8
㉢ 식비는 출장 시 개인 마일리지 사용여부에 따라 출장 중 식비의 20% 추가지급
 • 개인 마일리지 미사용시 지급 식비($) = (출장국가 1일 식비) × ('일' 수)
 • 개인 마일리지 사용시 지급 식비($) = (출장국가 1일 식비) × ('일' 수) × 1.2

① 갑
② 을
③ 병
④ 정
⑤ 무

 Tip
① $145 \times 3 + 72 \times 4 = 723$
② $170 \times 3 \times 0.8 + 72 \times 4 \times 1.2 = 753.6$
③ $110 \times 3 + 60 \times 5 \times 1.2 = 690$
④ $100 \times 4 \times 0.8 + 45 \times 6 = 590$
⑤ $75 \times 5 + 35 \times 6 \times 1.2 = 627$

20 다음은 영업사원인 甲씨가 오늘 미팅해야 할 거래처 직원들과 방문해야 할 업체에 관한 정보이다. 다음의 정보를 모두 반영하여 하루의 일정을 짠다고 할 때 순서가 올바르게 배열된 것은? (단, 장소간 이동 시간은 없는 것으로 가정한다)

〈거래처 직원들의 요구 사항〉

• A거래처 과장: 회사 내부 일정으로 인해 미팅은 10시~12시 또는 16~18시까지 2시간 정도 가능합니다.
• B거래처 대리: 12시부터 점심식사를 하거나, 18시부터 저녁식사를 하시죠. 시간은 2시간이면 될 것 같습니다.
• C거래처 사원: 외근이 잡혀서 오전 9시부터 10시까지 1시간만 가능합니다.
• D거래처 부장: 외부일정으로 18시부터 저녁식사만 가능합니다.

〈방문해야 할 업체와 가능시간〉

• E서점: 14~18시, 소요시간은 2시간
• F은행: 12~16시, 소요시간은 1시간
• G미술관 관람: 하루 3회(10시, 13시, 15시), 소요시간은 1시간

---

① C거래처 사원 – A거래처 과장 – B거래처 대리 – E서점 – G미술관 – F은행 – D거래처 부장
② C거래처 사원 – A거래처 과장 – F은행 – B거래처 대리 – G미술관 – E서점 – D거래처 부장
③ C거래처 사원 – G미술관 – F은행 – B거래처 대리 – E서점 – A거래처 과장 – D거래처 부장
④ C거래처 사원 – A거래처 과장 – B거래처 대리 – F은행 – G미술관 – E서점 – D거래처 부장
⑤ C거래처 사원 – A거래처 과장 – F은행 – G미술관 – E서점 – B거래처 대리 – D거래처 부장

 C거래처 사원(9시~10시) – A거래처 과장(10시~12시) – B거래처 대리(12시~14시) – F은행(14시~15시) – G미술관(15시~16시) – E서점(16시~18시) – D거래처 부장(18시~)
① E서점까지 들리면 16시가 되는데, 그 이후에 G미술관을 관람할 수 없다.
② F은행까지 들리면 13시가 되는데, B거래처 대리 약속은 18시에 가능하다.
③ G미술관 관람을 마치고 나면 11시가 되는데 F은행은 12시에 가야한다. 1시간 기다려서 F은행 일이 끝나면 13시가 되는데, B거래처 대리 약속은 18시에 가능하다.
⑤ E서점까지 들리면 16시가 되는데, B거래처 대리 약속과 D거래처 부장 약속이 동시에 18시가 된다.

21 다음은 차량 A, B, C의 연료 및 경제속도 연비, 연료별 리터당 가격에 대한 자료이다. 제시된 〈조건〉을 적용하였을 때, 두 번째로 높은 연료비가 소요되는 차량과 해당 차량의 연료비를 바르게 나열한 것은?

〈A, B, C 차량의 연료 및 경제속도 연비〉

차량 \ 구분	연료	경제속도 연비(km/L)
A	LPG	10
B	휘발유	16
C	경유	20

※ 차량 경제속도는 60km/h 이상 90km/h 미만임

〈연료별 리터당 가격〉

연료	LPG	휘발유	경유
리터당 가격(원/L)	1,000	2,000	1,600

〈조건〉

1. A, B, C 차량은 모두 아래와 같이 각 구간을 한 번씩 주행하고, 각 구간별 주행속도 범위 내에서만 주행한다.

구간	1구간	2구간	3구간
주행거리(km)	100	40	60
주행속도(km/h)	30 이상 60 미만	60 이상 90 미만	90 이상 120 미만

2. A, B, C 차량의 주행속도별 연비적용률은 다음과 같다.

차량	주행속도(km/h)	연비적용률(%)
A	30 이상 60 미만	50.0
A	60 이상 90 미만	100.0
A	90 이상 120 미만	80.0
B	30 이상 60 미만	62.5
B	60 이상 90 미만	100.0
B	90 이상 120 미만	75.0
C	30 이상 60 미만	50.0
C	60 이상 90 미만	100.0
C	90 이상 120 미만	75.0

※ 연비적용률이란 경제속도 연비 대비 주행속도 연비를 백분율로 나타낸 것임

① A, 31,500원

② B, 24,500원

③ B, 35,000원

④ C, 25,600원

⑤ C, 31,500원

> **Tip** 주행속도에 따른 연비와 구간별 소요되는 연료량을 계산하면 다음과 같다.

차량	주행속도(km/h)	연비(km/L)	구간별 소요되는 연료량(L)		
A (LPG)	30 이상 60 미만	10 × 50.0% = 5	1구간	20	총 31.5
	60 이상 90 미만	10 × 100.0% = 10	2구간	4	
	90 이상 120 미만	10 × 80.0% = 8	3구간	7.5	
B (휘발유)	30 이상 60 미만	16 × 62.5% = 10	1구간	10	총 17.5
	60 이상 90 미만	16 × 100.0% = 16	2구간	2.5	
	90 이상 120 미만	16 × 75.0% = 12	3구간	5	
C (경유)	30 이상 60 미만	20 × 50.0% = 10	1구간	10	총 16
	60 이상 90 미만	20 × 100.0% = 20	2구간	2	
	90 이상 120 미만	20 × 75.0% = 15	3구간	4	

따라서 조건에 따른 주행을 완료하는 데 소요되는 연료비는 A 차량은 31.5 × 1,000 = 31,500원, B 차량은 17.5 × 2,000 = 35,000원, C 차량은 16 × 1,600 = 25,600원으로, 두 번째로 높은 연료비가 소요되는 차량은 A며 31,500원의 연료비가 든다.

Answer → 21.①

22 A병동 11월 근무 일정표 초안이다. A병동은 1~4조로 구성되어 있으며 3교대로 돌아간다. 다음은 직원들의 휴무 일정이다. 배정된 대체근무자로 적절하지 못한 사람은?

	일	월	화	수	목	금	토
	1	2	3	4	5	6	7
오전	1조	1조	1조	1조	1조	2조	2조
오후	2조	2조	2조	3조	3조	3조	3조
야간	3조	4조	4조	4조	4조	4조	1조
	8	9	10	11	12	13	14
오전	2조	2조	2조	3조	3조	3조	3조
오후	3조	4조	4조	4조	4조	4조	1조
야간	1조	1조	1조	1조	2조	2조	2조
	15	16	17	18	19	20	21
오전	3조	4조	4조	4조	4조	4조	1조
오후	1조	1조	1조	1조	2조	2조	2조
야간	2조	2조	3조	3조	3조	3조	3조
	22	23	24	25	26	27	28
오전	1조	1조	1조	1조	2조	2조	2조
오후	2조	2조	3조	3조	3조	3조	3조
야간	4조	4조	4조	4조	4조	1조	1조
	29	30					
오전	2조	2조					
오후	4조	4조					
야간	1조	1조					

- 1조 : 나경원(조장), 임채민, 조은혜, 이가희, 김가은
- 2조 : 김태희(조장), 이샘물, 이가야, 정민지, 김민경
- 3조 : 우채원(조장), 황보경, 최희경, 김희원, 노혜은
- 4조 : 전혜민(조장), 고명원, 박수진, 김경민, 탁정은

※ 한 조의 일원이 개인 사유로 근무가 어려울 경우 당일 오프인 조의 일원(조장 제외) 중 1인이 대체 근무를 한다.

※ 대체근무의 경우 오전근무 직후 오후근무 또는 오후근무 직후 야간근무는 가능하나 야간근무 직후 오전근무는 불가능하다.

※ 대체근무가 어려운 경우 휴무자가 포함된 조의 조장이 휴무자의 업무를 대행한다.

휴무일자	휴무 예정자	대체 근무 예정자
11월 3일	임채민	① 노혜은
11월 12일	황보경	② 이가희
11월 17일	우채원	③ 이샘물
11월 24일	탁정은	④ 정민지
11월 30일	고명원	⑤ 최희경

 11월 12일 황보경(3조)은 오전근무이다. 1조는 바로 전날 야간근무를 했기 때문에 대체해줄 수 없다. 따라서 이가희가 아닌 우채원(3조 조장)이 황보경의 업무를 대행한다.

Answer→ 22.②

23 전기안전관리 대행업체의 인사팀 직원 K는 다음의 기준에 의거하여 직원들의 자격증 취득 전후 경력을 산정하려고 한다. 다음 중 K가 산정한 경력 중 옳은 것을 모두 고르면?

<전기안전관리자 경력 조건 인정 범위>

조건	인정 범위
1. 자격 취득 후 경력 기간 100% 인정	• 전력시설물의 설계·공사·감리·유지보수·관리·진단·점검·검사에 관한 기술업무 • 전력기술 관련 단체·업체 등에서 근무한 자의 전력기술에 관한 업무
2. 자격 취득 후 경력 기간 80% 인정	• 「전기용품안전관리법」에 따른 전기용품의 설계·제조·검사 등의 기술업무 • 「산업안전보건법」에 따른 전기분야 산업안전 기술업무 • 건설관련법에 의한 전기 관련 기술업무 • 전자·통신관계법에 의한 전기·전자통신기술에 관한 업무
3. 자격 취득 전 경력 기간 50% 인정	1.의 각목 규정에 의한 경력
사원 甲	• 2001.1.1~2005.12.31 전기 안전기술 업무 • 2015.10.31 전기산업기사 자격 취득
사원 乙	• 2010.1.1~2012.6.30 전기부품제조 업무 • 2009.10.31 전기기사 자격 취득
사원 丙	• 2011.5.1~2012.7.31 전자통신기술 업무 • 2011.3.31 전기기능장 자격 취득
사원 丁	• 2013.1.1~2014.12.31 전기검사 업무 • 2015.7.31 전기기사 자격 취득

㉠ 甲 : 전기산업기사로서 경력 5년	㉡ 乙 : 전기기사로서 경력 1년
㉢ 丙 : 전기기능장으로서 경력 1년	㉣ 丁 : 전기기사로서 경력 1년

① ㉠, ㉡
② ㉠, ㉢
③ ㉡, ㉢
④ ㉡, ㉣
⑤ ㉢, ㉣

ⓒ 2의 '전자·통신관계법에 의한 전기·전자통신기술에 관한 업무'에 해당하므로 丙은 자격 취득 후 경력 기간 15개월 중 80%인 12개월을 인정받는다.

ⓔ 1의 '전력시설물의 설계·공사·감리·유지보수·관리·진단·점검·검사에 관한 기술업무'에 해당하므로 丁은 자격 취득 전 경력 기간 2년의 50%인 1년을 인정받는다.

ⓗ 3에 따라 자격 취득 전의 경력 기간은 50%만 인정되므로 甲은 5년의 경력 기간 중 50%인 2년 6개월만 인정받는다.

ⓛ 2의 「전기용품안전관리법」에 따른 전기용품의 설계·제조·검사 등의 기술업무에 해당하므로 乙은 자격 취득 후 경력 기간 30개월 중 80%인 24개월을 인정받는다.

Answer♪→ 23.⑤

|24~25| D회사에서는 1년에 1명을 선발하여 해외연수를 보내주는 제도가 있다. 김부장, 최과장, 오과장, 홍대리, 박사원 5명이 지원한 가운데 〈선발 기준〉과 〈지원자 현황〉은 다음과 같다. 다음을 보고 물음에 답하시오.

〈선발 기준〉

구분	점수	비고
외국어 성적	50점	
근무 경력	20점	15년 이상이 만점 대비 100%, 10년 이상 15년 미만이 70%, 10년 미만이 50%이다. 단, 근무경력이 최소 5년 이상인 자만 선발 자격이 있다.
근무 성적	10점	
포상	20점	3회 이상이 만점 대비 100%, 1~2회가 50%, 0회가 0%이다.
계	100점	

〈지원자 현황〉

구분	김부장	최과장	오과장	홍대리	박사원
근무경력	30년	20년	10년	3년	2년
포상	2회	4회	0회	5회	1회

※ 외국어 성적은 김부장과 최과장이 만점 대비 50%이고, 오과장이 80%, 홍대리와 박사원이 100%이다.
※ 근무 성적은 최과장과 박사원이 만점이고, 김부장, 오과장, 홍대리는 만점 대비 90%이다.

24 위의 선발 기준과 지원자 현황에 따를 때 가장 높은 점수를 받은 사람이 선발된다면 선발되는 사람은?

① 김부장
② 최과장
③ 오과장
④ 홍대리
⑤ 박사원

	김부장	최과장	오과장	홍대리, 박사원
외국어 성적	25점	25점	40점	근무경력이 5년 미만이므로 선발 자격이 없다.
근무 경력	20점	20점	14점	
근무 성적	9점	10점	9점	
포상	10점	20점	0점	
계	64점	75점	63점	

Answer↪ 22.② 23.④ 24.②

25 회사 규정의 변경으로 인해 선발 기준이 다음과 같이 변경되었다면, 새로운 선발 기준 하에서 선발되는 사람은? (단, 가장 높은 점수를 받은 사람이 선발된다)

구분	점수	비고
외국어 성적	40점	
근무 경력	40점	30년 이상이 만점 대비 100%, 20년 이상 30년 미만이 70%, 20년 미만이 50%이다. 단, 근무경력이 최소 5년 이상인 자만 선발 자격이 있다.
근무 성적	10점	
포상	10점	3회 이상이 만점 대비 100%, 1~2회가 50%, 0회가 0%이다.
계	100점	

① 김부장
② 최과장
③ 오과장
④ 홍대리
⑤ 박사원

	김부장	최과장	오과장	홍대리, 박사원
외국어 성적	20점	20점	32점	근무경력이 5년 미만이므로 선발 자격이 없다.
근무 경력	40점	28점	20점	
근무 성적	9점	10점	9점	
포상	5점	10점	0점	
계	74점	68점	61점	

Answer→ 25.①

05 정보능력

1 정보화사회와 정보능력

(1) 정보와 정보화사회

① 자료 · 정보 · 지식

구분	특징
자료 (Data)	객관적 실체의 반영이며, 그것을 전달할 수 있도록 기호화한 것
정보 (Information)	자료를 특정한 목적과 문제해결에 도움이 되도록 가공한 것
지식 (Knowledge)	정보를 집적하고 체계화하여 장래의 일반적인 사항에 대비해 보편성을 갖도록 한 것

② 정보화사회 … 필요로 하는 정보가 사회의 중심이 되는 사회

(2) 업무수행과 정보능력

① 컴퓨터의 활용 분야
  - ㉠ 기업 경영 분야에서의 활용 : 판매, 회계, 재무, 인사 및 조직관리, 금융 업무 등
  - ㉡ 행정 분야에서의 활용 : 민원처리, 각종 행정 통계 등
  - ㉢ 산업 분야에서의 활용 : 공장 자동화, 산업용 로봇, 판매시점관리시스템(POS) 등
  - ㉣ 기타 분야에서의 활용 : 교육, 연구소, 출판, 가정, 도서관, 예술 분야 등

② 정보처리과정
  - ㉠ 정보 활용 절차 : 기획 → 수집 → 관리 → 활용
  - ㉡ 5W2H : 정보 활용의 전략적 기획
    - WHAT(무엇을?) : 정보의 입수대상을 명확히 한다.
    - WHERE(어디에서?) : 정보의 소스(정보원)를 파악한다.
    - WHEN(언제까지) : 정보의 요구(수집)시점을 고려한다.
    - WHY(왜?) : 정보의 필요목적을 염두에 둔다.

- WHO(누가?) : 정보활동의 주체를 확정한다.
- HOW(어떻게) : 정보의 수집방법을 검토한다.
- HOW MUCH(얼마나?) : 정보수집의 비용성(효용성)을 중시한다.

예제 1

5W2H는 정보를 전략적으로 수집·활용할 때 주로 사용하는 방법이다. 5W2H에 대한 설명으로 옳지 않은 것은?

① WHAT : 정보의 수집방법을 검토한다.
② WHERE : 정보의 소스(정보원)를 파악한다.
③ WHEN : 정보의 요구(수집)시점을 고려한다.
④ HOW : 정보의 수집방법을 검토한다.

[출제의도]
방대한 정보들 중 꼭 필요한 정보와 수집 방법 등을 전략적으로 기획하고 정보수집이 이루어질 때 효과적인 정보 수집이 가능해진다. 5W2H는 이러한 전략적 정보 활용 기획의 방법으로 그 개념을 이해하고 있는지를 묻는 질문이다.
[해설]
5W2H의 'WHAT'은 정보의 입수대상을 명확히 하는 것이다. 정보의 수집방법을 검토하는 것은 HOW(어떻게)에 해당되는 내용이다.

답 ①

---

(3) 사이버공간에서 지켜야 할 예절

① 인터넷의 역기능
  ㉠ 불건전 정보의 유통
  ㉡ 개인 정보 유출
  ㉢ 사이버 성폭력
  ㉣ 사이버 언어폭력
  ㉤ 언어 훼손
  ㉥ 인터넷 중독
  ㉦ 불건전한 교제
  ㉧ 저작권 침해

② 네티켓(netiquette) : 네트워크(network) + 에티켓(etiquette)

(4) 정보의 유출에 따른 피해사례

① 개인정보의 종류

    ㉠ 일반 정보 : 이름, 주민등록번호, 운전면허정보, 주소, 전화번호, 생년월일, 출생지, 본적지, 성별, 국적 등

    ㉡ 가족 정보 : 가족의 이름, 직업, 생년월일, 주민등록번호, 출생지 등

    ㉢ 교육 및 훈련 정보 : 최종학력, 성적, 기술자격증/전문면허증, 이수훈련 프로그램, 서클 활동, 상벌사항, 성격/행태보고 등

    ㉣ 병역 정보 : 군번 및 계급, 제대유형, 주특기, 근무부대 등

    ㉤ 부동산 및 동산 정보 : 소유주택 및 토지, 자동차, 저축현황, 현금카드, 주식 및 채권, 수집품, 고가의 예술품 등

    ㉥ 소득 정보 : 연봉, 소득의 원천, 소득세 지불 현황 등

    ㉦ 기타 수익 정보 : 보험가입현황, 수익자, 회사의 판공비 등

    ㉧ 신용 정보 : 대부상황, 저당, 신용카드, 담보설정 여부 등

    ㉨ 고용 정보 : 고용주, 회사주소, 상관의 이름, 직무수행 평가 기록, 훈련기록, 상벌기록 등

    ㉩ 법적 정보 : 전과기록, 구속기록, 이혼기록 등

    ㉪ 의료 정보 : 가족병력기록, 과거 의료기록, 신체장애, 혈액형 등

    ㉫ 조직 정보 : 노조가입, 정당가입, 클럽회원, 종교단체 활동 등

    ㉬ 습관 및 취미 정보 : 흡연/음주량, 여가활동, 도박성향, 비디오 대여기록 등

② 개인정보 유출방지 방법

    ㉠ 회원 가입 시 이용 약관을 읽는다.

    ㉡ 이용 목적에 부합하는 정보를 요구하는지 확인한다.

    ㉢ 비밀번호는 정기적으로 교체한다.

    ㉣ 정체불명의 사이트는 멀리한다.

    ㉤ 가입 해지 시 정보 파기 여부를 확인한다.

    ㉥ 남들이 쉽게 유추할 수 있는 비밀번호는 자제한다.

2 정보능력을 구성하는 하위능력

(1) 컴퓨터활용능력

① 인터넷 서비스 활용
　㉠ 전자우편(E-mail) 서비스 : 정보 통신망을 이용하여 다른 사용자들과 편지나 여러 정보를 주고받는 통신 방법
　㉡ 인터넷 디스크/웹 하드 : 웹 서버에 대용량의 저장 기능을 갖추고 사용자가 개인용 컴퓨터의 하드디스크와 같은 기능을 인터넷을 통하여 이용할 수 있게 하는 서비스
　㉢ 메신저 : 인터넷에서 실시간으로 메시지와 데이터를 주고받을 수 있는 소프트웨어
　㉣ 전자상거래 : 인터넷을 통해 상품을 사고팔거나 재화나 용역을 거래하는 사이버 비즈니스

② 정보검색 … 여러 곳에 분산되어 있는 수많은 정보 중에서 특정 목적에 적합한 정보만을 신속하고 정확하게 찾아내어 수집, 분류, 축적하는 과정
　㉠ 검색엔진의 유형
　　• 키워드 검색 방식 : 찾고자 하는 정보와 관련된 핵심적인 언어인 키워드를 직접 입력하여 이를 검색 엔진에 보내어 검색 엔진이 키워드와 관련된 정보를 찾는 방식
　　• 주제별 검색 방식 : 인터넷상에 존재하는 웹 문서들을 주제별, 계층별로 정리하여 데이터베이스를 구축한 후 이용하는 방식
　　• 통합형 검색방식 : 사용자가 입력하는 검색어들이 연계된 다른 검색 엔진에게 보내고 이를 통하여 얻어진 검색 결과를 사용자에게 보여주는 방식
　㉡ 정보 검색 연산자

기호	연산자	검색조건
*, &	AND	두 단어가 모두 포함된 문서를 검색
|	OR	두 단어가 모두 포함되거나 두 단어 중에서 하나만 포함된 문서를 검색
-, !	NOT	'-' 기호나 '!' 기호 다음에 오는 단어는 포함하지 않는 문서를 검색
~, near	인접검색	앞/뒤의 단어가 가깝게 있는 문서를 검색

③ 소프트웨어의 활용
　㉠ 워드프로세서
　　• 특징 : 문서의 내용을 화면으로 확인하면서 쉽게 수정 가능, 문서 작성 후 인쇄 및 저장 가능, 글이나 그림의 입력 및 편집 가능
　　• 기능 : 입력기능, 표시기능, 저장기능, 편집기능, 인쇄기능 등

ⓛ 스프레드시트
  • 특징 : 쉽게 계산 수행, 계산 결과를 차트로 표시, 문서를 작성하고 편집 가능
  • 기능 : 계산, 수식, 차트, 저장, 편집, 인쇄기능 등

예제 2

귀하는 커피 전문점을 운영하고 있다. 아래와 같이 엑셀 워크시트로 4개 지점의 원두 구매 수량과 단가를 이용하여 금액을 산출하고 있다. 귀하가 다음 중 D3셀에서 사용하고 있는 함수식으로 옳은 것은? (단, 금액 = 수량 × 단가)

	A	B	C	D	E
1	지점	원두	수량(100g)	금액	
2	A	케냐	15	150000	
3	B	콜롬비아	25	175000	
4	C	케냐	30	300000	
5	D	브라질	35	210000	
6					
7		원두	100g당 단가		
8		케냐	10,000		
9		콜롬비아	7,000		
10		브라질	6,000		
11					

① =C3*VLOOKUP(B3, $B$8:$C$10, 1, 1)

② =B3*HLOOKUP(C3, $B$8:$C$10, 2, 0)

③ =C3*VLOOKUP(B3, $B$8:$C$10, 2, 0)

④ =C3*HLOOKUP($B$8:$C$10, 2, B3)

ⓒ 프레젠테이션
  • 특징 : 각종 정보를 사용자 또는 대상자에게 쉽게 전달
  • 기능 : 저장, 편집, 인쇄, 슬라이드 쇼 기능 등
  ⓔ 유틸리티 프로그램 : 파일 압축 유틸리티, 바이러스 백신 프로그램

④ 데이터베이스의 필요성
  ㉠ 데이터의 중복을 줄인다.
  ㉡ 데이터의 무결성을 높인다.
  ㉢ 검색을 쉽게 해준다.
  ㉣ 데이터의 안정성을 높인다.
  ㉤ 개발기간을 단축한다.

(2) 정보처리능력

① **정보원** … 1차 자료는 원래의 연구성과가 기록된 자료이며, 2차 자료는 1차 자료를 효과적으로 찾아보기 위한 자료 또는 1차 자료에 포함되어 있는 정보를 압축·정리한 형태로 제공하는 자료이다.

    ㉠ **1차 자료** : 단행본, 학술지와 논문, 학술회의자료, 연구보고서, 학위논문, 특허정보, 표준 및 규격 자료, 레터, 출판 전 배포자료, 신문, 잡지, 웹 정보자원 등

    ㉡ **2차 자료** : 사전, 백과사전, 편람, 연감, 서지데이터베이스 등

② **정보분석 및 가공**

    ㉠ **정보분석의 절차** : 분석과제의 발생 → 과제(요구)의 분석 → 조사항목의 선정 → 관련정보의 수집(기존자료 조사/신규자료 조사) → 수집정보의 분류 → 항목별 분석 → 종합·결론 → 활용·정리

    ㉡ **가공** : 서열화 및 구조화

③ **정보관리**

    ㉠ 목록을 이용한 정보관리

    ㉡ 색인을 이용한 정보관리

    ㉢ 분류를 이용한 정보관리

▎예제 3

인사팀에서 근무하는 J씨는 회사가 성장함에 따라 직원 수가 급증하기 시작하면서 직원들의 정보관리 방법을 모색하던 중 다음과 같은 A사의 직원 정보관리 방법을 보게 되었다. J씨는 A사가 하고 있는 이 방법을 회사에도 도입하고자 한다. 이 방법은 무엇인가?

> A사의 인사부서에 근무하는 H씨는 직원들의 개인정보를 관리하는 업무를 담당하고 있다. A사에서 근무하는 직원은 수천 명에 달하기 때문에 H씨는 주요 키워드나 주제어를 가지고 직원들의 정보를 구분하여 관리하여, 찾을 때도 쉽고 내용을 수정할 때도 이전보다 훨씬 간편할 수 있도록 했다.

① 목록을 활용한 정보관리
② 색인을 활용한 정보관리
③ 분류를 활용한 정보관리
④ 1:1 매칭을 활용한 정보관리

[출제의도]
본 문항은 정보관리 방법의 개념을 이해하고 있는가를 묻는 문제이다.
[해설]
주어진 자료의 A사에서 사용하는 정보관리는 주요 키워드나 주제어를 가지고 정보를 관리하는 방식인 색인을 활용한 정보관리이나. 디지털 파일에 색인을 저장할 경우 추가, 삭제, 변경 등이 쉽다는 점에서 정보관리에 효율적이다.

답 ②

출제예상문제

1 다음 글과 같은 사례에서 알 수 있는 기술의 발전상을 일컫는 말은?

> 산업혁명 당시 증기기관은 광산에서 더 많은 석탄을 캐내기 위해서(광산 갱도에 고인 물을 더 효율적으로 퍼내기 위해서) 개발되었고 그 용도에 사용되었다. 증기기관이 광산에 응용되면서 석탄 생산이 늘었고, 공장은 수력 대신 석탄과 증기기관을 동력원으로 이용했다. 이제 광산과 도시의 공장을 연결해서 석탄을 수송하기 위한 새로운 운송 기술이 필요해졌으며, 철도는 이러한 필요를 충족시킨 기술이었다.

① 기술 네트워크
② 기술 시스템
③ 기술 혁명
④ 기술 혁신
⑤ 기술 융합

 주어진 글에서는 각 시기별 산업을 이끈 기술이 시대의 변천에 따라 유기적인 연관을 맺으며 다음 기술로 이어지는 현상을 엿볼 수 있다. 이렇듯, 각기 다른 분야의 기술이 연결되어 하나의 시스템화 된 기술을 만든다는 점은 '기술 시스템'의 가장 큰 특징이라 할 수 있다.

2 〈보기〉의 설명에 해당하는 기술에 대한 설명이 아닌 것은?

〈보기〉
- 서비스 모델은 IaaS, PaaS, SaaS로 구분한다.
- 필요한 만큼 자원을 임대하여 사용할 수 있다.
- 가상화 기술, 서비스 프로비저닝(Provisioning) 기술, 과금 체계 등을 필요로 한다.
---

① 사용자들이 복잡한 정보를 보관하기 위해 별도의 데이터 센터를 구축할 필요가 없다.

② 정보의 보관보다 정보의 처리 속도와 정확성이 관건인 네트워크 서비스이다.

③ 장소와 시간에 관계없이 다양한 단말기를 통해 정보에 접근할 수 있다.

④ 주소록, 동영상, 음원, 오피스 문서, 게임, 메일 등 다양한 콘텐츠를 대상으로 한다.

⑤ 클라우드 컴퓨팅을 활용하면 스마트 폰으로 이동 중에 시청하던 영상을 집에 도착하여 TV로 볼 수 있게 된다.

(Tip) 보기는 클라우드 컴퓨팅에 대한 설명이다. 클라우드 컴퓨팅의 핵심은 데이터의 저장·처리·네트워킹 및 다양한 어플리케이션 사용 등 IT 관련 서비스를 인터넷과 같은 네트워크를 기반으로 제공하는데 있어, 정보의 보관 분야에 있어 획기적인 컴퓨팅 기술이라고 할 수 있다.

※ 클라우드 컴퓨팅(Cloud Computing)
　㉠ 클라우드(Cloud)로 표현되는 인터넷상의 서버에서 데이터 저장과 처리, 네트워크, 콘텐츠 사용 등 IT 관련 서비스를 한번에 제공하는 혁신적인 컴퓨팅 기술이다.
　㉡ 클라우드 컴퓨팅의 예
　　• IaaS(Infrastructure as a Service) : 서비스로써의 인프라라는 뜻으로, AWS에서 제공하는 EC2가 대표적인 예이다. 이는 단순히 서버 등의 자원을 제공해 주면서 사용자가 디바이스 제약 없이 데이터에 접근할 수 있도록 해준다.
　　• PaaS(Platform as a Service) : 서비스로써의 플랫폼이라는 뜻으로, 사용자(개발자)가 소프트웨어 개발을 할 수 있는 환경을 제공해 준다. 구글의 APP엔진, Heroku 등이 대표적인 예다.
　　• SaaS(Software as a Service) : 서비스로써의 소프트웨어라는 뜻으로, 네이버에서 제공하는 N드 라이브, drop box, google docs 등과 같은 것을 말한다.

Answer┌→ 1.② 2.②

3 안전한 패스워드 구성방법에 관한 다음의 안내문을 참고하여 아래의 키보드로 패스워드를 만들었을 때, 가장 적절한 패스워드라고 볼 수 있는 것은?

<table>
<tr><td colspan="2" align="center">〈안내문〉</td></tr>
<tr><td colspan="2" align="center">문자구성 및 길이</td></tr>
<tr><td>권장
규칙</td><td>• 3가지 종류 이상의 문자구성으로 8자리 이상의 길이로 구성된 패스워드
• 2가지 종류 이상의 문자구성으로 10자리 이상의 길이로 구성된 패스워드
  ※ 문자 종류는 알파벳 대문자와 소문자, 특수기호, 숫자의 4가지</td></tr>
<tr><td>회피
규칙</td><td>• 2가지 종류 이하의 문자구성으로 8자리 이하의 길이로 구성된 패스워드
• 문자구성과 관계없이 7자리 이하 길이로 구성된 패스워드
  ※ 문자 종류는 알파벳 대문자와 소문자, 특수기호, 숫자의 4가지</td></tr>
<tr><td colspan="2" align="center">패턴조건</td></tr>
<tr><td>권장
규칙</td><td>• 한글, 영어 등의 사전적 단어를 포함하지 않은 패스워드
• 널리 알려진 단어를 포함하지 않거나 예측이 어렵도록 가공한 패스워드
  ※ 널리 알려진 단어인 컴퓨터 용어, 기업 등의 특정명칭을 가공하지 않고 명칭 그대로
     사용하는 경우
  ※ 온라인상에서 자주 쓰이는 속어, 방언, 은어 등을 포함한 경우
• 사용자 ID와 연관성이 있는 단어구성을 포함하지 않은 패스워드
• 제3자가 쉽게 알 수 있는 개인정보를 포함하지 않은 패스워드
  ※ 개인정보는 가족, 생일, 주소, 휴대전화번호 등을 포함하는 패스워드</td></tr>
<tr><td>회피
규칙</td><td>• 한글, 영어 등을 포함한 사전적인 단어로 구성된 패스워드
  ※ 스펠링을 거꾸로 구성하거나 한/영키를 변환한 패스워드도 포함
• 널리 알려진 단어로 구성된 패스워드
  ※ 컴퓨터 용어, 사이트, 기업 등의 특정 명칭으로 구성된 패스워드도 포함
• 사용자 ID를 이용한 패스워드
  ※ 사용자 ID 혹은 사용자 ID를 거꾸로 구성한 패스워드도 포함
• 제3자가 쉽게 알 수 있는 개인정보를 바탕으로 구성된 패스워드
  ※ 가족, 생일, 주소, 휴대전화번호 등을 포함하는 패스워드</td></tr>
</table>

① bo3$&K

② S37북?sx@4@

③ @ytisrevinu!

④ 1h3o3u4s8e?

⑤ 77ncs−cookie8

 ②와 같은 패스워드는 문자, 숫자 등의 혼합사용이나 자릿수 등 쉽게 이해할 수 있는 부분이 없는 경우로 적절한 패스워드로 볼 수 있다.
① 문자 조합에 관계없이 7자리 이하의 패스워드이므로 적절하지 않다.
③ 'university'를 거꾸로 타이핑한 부적절한 패스워드이다.
④ 'house'를 쉽게 알 수 있는 경우이다.
⑤ 'ncs', 'cookie' 등의 특정 명칭으로 구성된 부적절한 패스워드이다.

4 다음 파일/폴더에 관한 특징 중, 올바른 설명을 모두 고른 것은?

> (가) 파일은 쉼표(,)를 이용하여 파일명과 확장자를 구분한다.
>
> (나) 폴더는 일반 항목, 문서, 사진, 음악, 비디오 등의 유형을 선택하여 각 유형에 최적화된 폴더로 사용할 수 있다.
>
> (다) 파일/폴더는 새로 만들기, 이름 바꾸기, 삭제, 복사 등이 가능하며, 파일이 포함된 폴더도 삭제할 수 있다.
>
> (라) 파일/폴더의 이름에는 ₩, /, :, *, ?, ", 〈, 〉 등의 문자는 사용할 수 없으며, 255자 이내로(공백 미포함) 작성할 수 있다.
>
> (마) 하나의 폴더 내에 같은 이름의 파일이나 폴더가 존재할 수 없다.
>
> (바) 폴더의 '속성' 창에서 해당 폴더에 포함된 피일과 폴더의 개수를 확인할 수 있다.

① (나), (다), (라), (마) 　　　　　② (가), (라), (마), (바)

③ (나), (다), (마), (바) 　　　　　④ (가), (나), (라), (마)

⑤ (나), (라), (마), (바)

 (가) 파일은 쉼표(,)가 아닌 마침표(.)를 이용하여 파일명과 확장자를 구분한다.
(라) 파일/폴더의 이름에는 ₩, /, :, *, ?, ", 〈, 〉 등의 문자는 사용할 수 없으며, 255자 이내로 공백을 포함하여 작성할 수 있다.

Answer↳ 3.② 4.③

5 코로나로 화상회의와 온라인수업의 사용빈도가 높아졌다. 기업의 줌 화상회의나 학교의 온라인수업에 몰래 들어가 음란물을 보내거나 방해하는 행위를 나타내는 말은?

① 멀티캐스트(Multicast)

② 핀치 투 줌(Pinch To Zoom)

③ 줌폭탄(Zoom Bombing)

④ 텔레프레전스(Telepresence)

⑤ 웨비나(Webinar)

 ① 멀티캐스트(Multicast) : 네트워크상에서 동일한 데이터를 여러명에게 동시에 전송하는 방식이다. 멀티캐스팅을 지원하는 가상 네트워크로는 엠본(MBone)이 있다.

② 핀치 투 줌(Pinch to Zoom) : 스티브잡스가 적용한 기술 특허로 터치스크린의 화면을 자유롭게 움직이면서 확대 및 축소가 가능한 기술이다.

④ 텔레프레전스(Telepresence) : 같은 공간에 있는 것과 같이 느껴지는 가상 화상회의시스템이다.

⑤ 웨비나(Webinar) : 웹과 세미나의 합성어로 온라인상에서 쌍방향 소통이 가능하도록 도와주는 웹을 기반으로 하는 툴이다.

6 다음에서 설명하고 있는 것은 무엇인가?

> 1945년 폰노이만(Von Neumann, J)에 의해 개발되었다. 프로그램 데이터를 기억장치 안에 기억시켜 놓은 후 기억된 프로그램에 명령을 순서대로 해독하면서 실행하는 방식으로, 오늘날의 컴퓨터 모두에 적용되고 있는 방식이다.

① IC칩 내장방식

② 송팩 방식

③ 적외선 방식

④ 프로그램 내장방식

⑤ 네트워크 방식

 제시된 내용은 폰 노이만에 의해 소개된 '프로그램 내장방식'이다. 이 개념은 데이터뿐만 아니라 컴퓨터의 명령을 컴퓨터의 내부 기억 장치 내에 기억하는 것으로, 이 명령은 더 빠르게 접근되고, 더 쉽게 변경된다.

7 다음 중 컴퓨터 보안 위협의 형태와 그 내용에 대한 설명이 올바르게 연결되지 않은 것은 어느 것인가?

① 피싱(Phishing) – 유명 기업이나 금융기관을 사칭한 가짜 웹 사이트나 이메일 등으로 개인의 금융정보와 비밀번호를 입력하도록 유도하여 예금 인출 및 다른 범죄에 이용하는 수법

② 스푸핑(Spoofing) – 악의적인 목적으로 임의로 웹 사이트를 구축해 일반 사용자의 방문을 유도한 후 시스템 권한을 획득하여 정보를 빼가거나 암호와 기타 정보를 입력하도록 속이는 해킹 수법

③ 디도스(DDoS) – 시스템에 불법적인 행위를 수행하기 위하여 다른 프로그램으로 위장하여 특정 프로그램을 침투시키는 행위

④ 스니핑(Sniffing) – 네트워크 주변을 지나다니는 패킷을 엿보면서 아이디와 패스워드를 알아내는 행위

⑤ 백 도어(Back Door) – 시스템의 보안 예방책을 침입하여 무단 접근하기 위해 사용되는 일종의 비상구

> (Tip) 디도스(DDoS)는 분산 서비스 거부 공격으로, 특정 사이트에 오버플로우를 일으켜서 시스템이 서비스를 거부하도록 만드는 것이다. 한편, 보기에 제시된 설명은 '트로이 목마'를 의미하는 내용이다.

Answer → 5.③ 6.④ 7.③

8 아래 그림을 참고할 때, 할인율을 변경하여 '판매가격'의 목표값을 150,000으로 변경하려고 한다면 [목표값 찾기] 대화 상자의 '수식 셀에 입력할 값으로 적절한 것은?

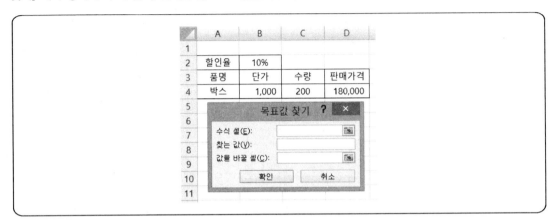

① B4

② C4

③ B2

④ B2*C2

⑤ D4

(Tip) 목표값 찾기는 수식으로 구하려는 결과값은 알지만 해당 결과를 구하는 데 필요한 수식 입력 값을 모르는 경우 사용하는 기능이다. 제시된 대화 상자의 빈칸에는 다음과 같은 내용이 입력된다.
• 수식 셀 : 결과값이 출력되는 셀 주소를 입력→반드시 수식이어야 함
• 찾는 값 : 목표값으로 찾고자 하는 값 입력
• 값을 바꿀 셀 : 목표 결과값을 계산하기 위해 변경되는 값이 입력되어 있는 셀 주소 입력

9 다음 시트의 [D10]셀에서 =DCOUNT(A2:F7,4,A9:B10)을 입력했을 때 결과 값으로 옳은 것은?

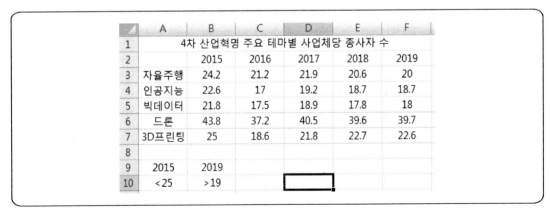

① 0   ② 1

③ 2   ④ 3

⑤ 4

 DCOUNT는 조건을 만족하는 개수를 구하는 함수로, [A2:F7]영역에서 '2015'(2015년도 종사자 수)가 25
보다 작고 '2019'(2019년도 종사자 수)가 19보다 큰 레코드의 수는 1이 된다. 조건 영역은 [A9:B10]이
되며, 조건이 같은 행에 입력되어 있으므로 AND 조건이 된다.

10 다음과 같은 도표의 C6 셀에 제시된 바와 같은 수식을 넣을 경우 나타나게 될 오류 메시지는 다음 중 어느
것인가?

	A	B	C
1	직급	이름	수당(원)
2	과장	홍길동	750,000
3	대리	조길동	600,000
4	차장	이길동	830,000
5	사원	박길동	470,000
6	합계		=SUM(C2:C6)

① #NUM!

② #VALUE!

③ #DIV/0!

④ 순환 참조 경고

⑤ #N/A

 수식에서 직접 또는 간접적으로 자체 셀을 참조하는 경우를 순환 참조라고 한다. 열려있는 통합 문서
중 하나에 순환 참조가 있으면 모든 통합 문서가 자동으로 계산되지 않는다. 이 경우 순환 참조를 제거
하거나 이전의 반복 계산(반복 계산:특정 수치 조건에 맞을 때까지 워크시트에서 반복되는 계산) 결과
를 사용하여 순환 참조와 관련된 각 셀이 계산되도록 할 수 있다.

Answer → 8.⑤ 9.② 10.④

11 다음 D3 셀의 값이 5가 나오도록 하기 위해 입력한 수식으로 옳은 것은?

	A	B	C	D
1		구분	승차 인원	순위
2	역명			
3	다대포해수욕장역		173,854	
4	다대포항역		114,385	
5	낫개역		162,992	
6	신장림역		110,287	
7	장림역		117,027	
8	동매역		129,149	
9	신평역		221,149	
10	하단역		690,219	
11	당리역		220,652	
12	사하역		153,242	
13	괴정역		135,023	
14	대티역		90,452	
15	서대신역		230,090	

① =RANK(B3,C3:C15,0)

② =RANK(C3,A1:C15,0)

③ =RANK(C3,C3:C15,1)

④ =DCOUNT(C3,C3:C15,0)

⑤ =DCOUNT(C3,C3:C15,1)

 RANK 함수는 순위를 구하는 함수로 number에는 순위를 구하려는 수가 들어가며 ref에는 순위를 구하고 싶은 범위 전체가 들어간다. order는 선택요소로 order가 0이거나 이를 생략하면 ref가 내림차순으로 정렬된 목록인 것으로 가정하여 number의 순위를 부여하며 order가 0이 아니면 ref가 오름차순으로 정렬된 목록인 것으로 가정하여 number의 순위를 부여한다. 따라서 D3 셀에 들어갈 수식으로 옳은 것은 '=RANK(C3,A1:C15,0)'이다.

12 다음은 H회사의 승진후보들의 1차 고과 점수 및 승진시험 점수이다. "생산부 사원"의 승진시험 점수의 평균을 알기 위해 사용해야 하는 함수는 무엇인가?

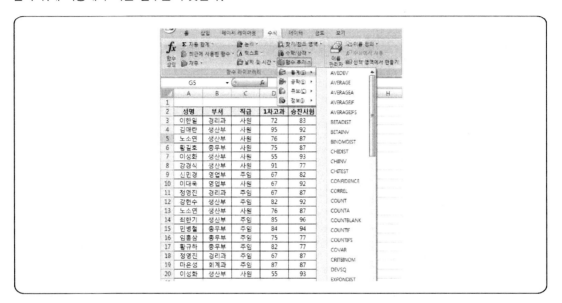

① AVERAGE

② AVERAGEA

③ AVERAGEIF

④ AVERAGEIFS

⑤ COUNTIF

(Tip) 구하고자 하는 값은 "생산부 사원"의 승진시험 점수의 평균이다. 주어진 조건에 따른 평균값을 구하는 함수는 AVERAGEIF와 AVERAGEIFS인데 조건이 1개인 경우에는 AVERAGEIF, 조건이 2개 이상인 경우에는 AVERAGEIFS를 사용한다.
[=AVERAGEIFS(E3:E20, B3:B20, "생산부", C3:C20, "사원")]

13~15 다음 자료는 J회사 창고에 있는 가전제품 코드 목록이다. 다음을 보고 물음에 답하시오.

SE－11－KOR－3A－1512	CH－08－CHA－2C－1308	SE－07－KOR－2C－1503
CO－14－IND－2A－1511	JE－28－KOR－1C－1508	TE－11－IND－2A－1411
CH－19－IND－1C－1301	SE－01－KOR－3B－1411	CH－26－KOR－1C－1307
NA－17－PHI－2B－1405	AI－12－PHI－1A－1502	NA－16－IND－1B－1311
JE－24－PHI－2C－1401	TE－02－PHI－2C－1503	SE－08－KOR－2B－1507
CO－14－PHI－3C－1508	CO－31－PHI－1A－1501	AI－22－IND－2A－1503
TE－17－CHA－1B－1501	JE－17－KOR－1C－1506	JE－18－IND－1C－1504
NA－05－CHA－3A－1411	SE－18－KOR－1A－1503	CO－20－KOR－1C－1502
AI－07－KOR－2A－1501	TE－12－IND－1A－1511	AI－19－IND－1A－1503
SE－17－KOR－1B－1502	CO－09－CHA－3C－1504	CH－28－KOR－1C－1308
TE－18－IND－1C－1510	JE－19－PHI－2B－1407	SE－16－KOR－2C－1505
CO－19－CHA－3A－1509	NA－06－KOR－2A－1401	AI－10－KOR－1A－1509

〈코드 부여 방식〉
[제품 종류]－[모델 번호]－[생산 국가]－[공장과 라인]－[제조연월]
〈예시〉
TE－13－CHA－2C－1501
2015년 1월에 중국 2공장 C라인에서 생산된 텔레비전 13번 모델

제품 종류 코드	제품 종류	생산 국가 코드	생산 국가
SE	세탁기	CHA	중국
TE	텔레비전	KOR	한국
CO	컴퓨터	IND	인도네시아
NA	냉장고	PHI	필리핀
AI	에어컨		
JE	전자레인지		
GA	가습기		
CH	청소기		

13 위의 코드 부여 방식을 참고할 때 옳지 않은 내용은?

① 창고에 있는 기기 중 세탁기는 모두 한국에서 제조된 것들이다.

② 창고에 있는 기기 중 컴퓨터는 모두 2015년에 제조된 것들이다.

③ 창고에 있는 기기 중 청소기는 있지만 가습기는 없다.

④ 창고에 있는 기기 중 2013년에 제조된 것은 청소기 뿐이다.

⑤ 창고에 텔레비전은 5대가 있다.

(Tip) NA-16-IND-1B-1311가 있으므로 2013년에 제조된 냉장고도 창고에 있다.

14 J회사에 다니는 Y씨는 가전제품 코드 목록을 파일로 불러와 검색을 하고자 한다. 검색의 결과로 옳지 않은 것은?

① 창고에 있는 세탁기가 몇 개인지 알기 위해 'SE'를 검색한 결과 7개임을 알았다.

② 창고에 있는 기기 중 인도네시아에서 제조된 제품이 몇 개인지 알기 위해 'IND'를 검색한 결과 10개임을 알았다.

③ 모델 번호가 19번인 제품을 알기 위해 '19'를 검색한 결과 4개임을 알았다.

④ 1공장 A라인에서 제조된 제품을 알기 위해 '1A'를 검색한 결과 6개임을 알았다.

⑤ 2015년 1월에 제조된 제품을 알기 위해 '1501'를 검색한 결과 3개임을 알았다.

(Tip) ② 인도네시아에서 제조된 제품은 9개이다.

15 2017년 4월에 한국 1공장 A라인에서 생산된 에어컨 12번 모델의 코드로 옳은 것은?

① AI - 12 - KOR - 2A - 1704

② AI - 12 - KOR - 1A -1704

③ AI - 11 - PHI - 1A - 1704

④ CH - 12 - KOR - 1A - 1704

⑤ CH - 11 - KOR - 3A - 1705

(Tip) [제품 종류] - [모델 번호] - [생산 국가] - [공장과 라인] - [제조연월]
AI(에어컨) - 12 - KOR - 1A -1704

Answer ➔ 13.④ 14.② 15.②

16 다음의 알고리즘에서 인쇄되는 S는?

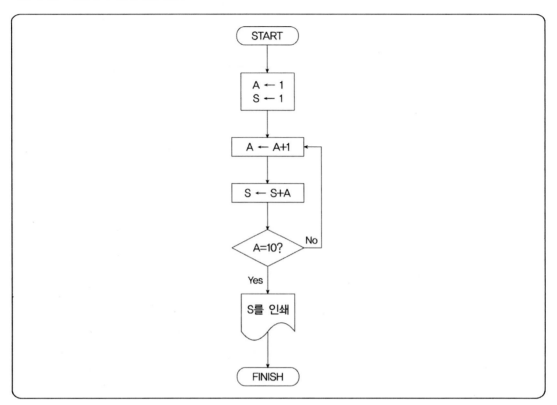

① 36
② 45
③ 55
④ 66
⑤ 77

Tip

A=1, S=1
A=2, S=1+2
A=3, S=1+2+3
…
A=10, S=1+2+3+…+10
∴ 출력되는 S의 값은 55이다.

17 다음의 알고리즘에서 인쇄되는 A는?

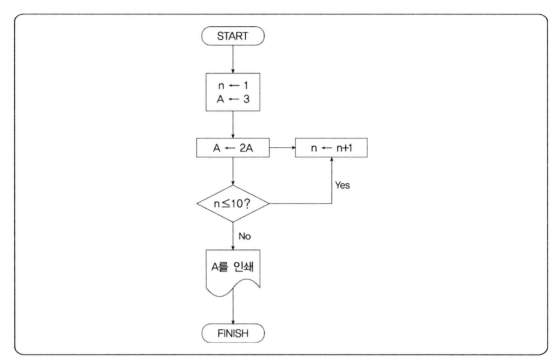

① $2^8 \cdot 3$

② $2^9 \cdot 3$

③ $2^{10} \cdot 3$

④ $2^{11} \cdot 3$

⑤ $2^{12} \cdot 3$

Tip)

$n=1, \ A=3$

$n=1, \ A=2 \cdot 3$

$n=2, \ A=2^2 \cdot 3$

$n=3, \ A=2^3 \cdot 3$

...

$n=11, \ A=2^{11} \cdot 3$

∴ 출력되는 A의 값은 $2^{11} \cdot 3$이다.

Answer↦ 16.③ 17.④

18 T회사에서 근무하고 있는 N씨는 엑셀을 이용하여 작업을 하고자 한다. 엑셀에서 바로 가기 키에 대한 설명이 다음과 같을 때 괄호 안에 들어갈 내용으로 알맞은 것은?

> 통합 문서 내에서 (㉠) 키는 다음 워크시트로 이동하고 (㉡) 키는 이전 워크시트로 이동한다.

	㉠	㉡
①	〈Ctrl〉+〈Page Down〉	〈Ctrl〉+〈Page Up〉
②	〈Shift〉+〈Page Down〉	〈Shift〉+〈Page Up〉
③	〈Tab〉+←	〈Tab〉+→
④	〈Alt〉+〈Shift〉+↑	〈Alt〉+〈Shift〉+↓
⑤	〈Ctrl〉+〈Shift〉+〈Page Down〉	〈Ctrl〉+〈Shift〉+〈Page Up〉

Tip 엑셀 통합 문서 내에서 다음 워크시트로 이동하려면 〈Ctrl〉+〈Page Down〉을 눌러야 하며, 이전 워크시트로 이동하려면 〈Ctrl〉+〈Page Up〉을 눌러야 한다.

19 다음은 '시간대별 지하철 이용 인원수'를 나타낸 자료 중 일부이다. 지하철역별로 시간대별 '승차' 인원수만 따로 보려고 할 때 가장 적절한 방법은?

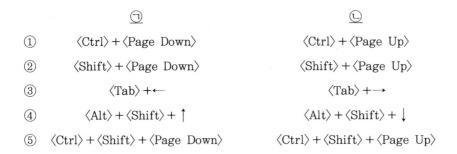

	A	B	C	D	E	F	G	H	I	J
1	역명	구분	04 ~ 05	05 ~ 06	06 ~ 07	07 ~ 08	08 ~ 09	09 ~ 10	10 ~ 11	11 ~ 12
2	서울역	승차	43	386	478	1528	2853	2139	2240	3385
3	서울역	하차	2	342	2213	4387	9548	5577	3428	3082
4	시청	승차	3	80	132	285	363	509	609	864
5	시청	하차	0	164	756	3011	8725	3472	1763	1693
6	종각	승차	1	120	162	246	451	565	787	1246
7	종각	하차	1	213	1272	4317	12140	6222	3186	3029
8	종로3가	승차	7	152	163	229	421	507	993	1452
9	종로3가	하차	3	111	490	1005	2320	2507	2550	2668
10	종로5가	승차	1	78	112	211	332	465	842	1127
11	종로5가	하차	0	120	563	1330	4098	1928	1901	2105

① 구분에 '하차'라고 적혀 있는 3, 5, 7, 9, 11열을 삭제한다.
② lookup 함수를 이용한다.
③ 필터 기능을 이용하여 '구분' 셀(B1)에서 '승차'값만 선택한다.
④ '보기'의 '틀 고정'에서 '첫 행 고정'을 선택한다.
⑤ '조건부 서식 – 셀 강조 규칙'에서 '승차'를 포함한 텍스트 서식을 지정한다.

Tip 특정 값을 일시적으로 필터링하는 기능인 필터 기능을 사용하여 '승차'값만 확인하는 것이 가장 적절하다.

20 다음 중 아래 시트에서 야근일수를 구하기 위해 [B9] 셀에 입력할 수식으로 옳은 것은?

① =COUNTBLANK(B3:B8)

② =COUNT(B3:B8)

③ =COUNTA(B3:B8)

④ =SUM(B3:B8)

⑤ =AVERAGEA(B3:B8)

> (Tip) COUNTBLANK 함수는 비어있는 셀의 개수를 세어준다. COUNT 함수는 숫자가 입력된 셀의 개수를 세어주는 반면 COUNTA 함수는 숫자는 물론 문자가 입력된 셀의 개수를 세어준다. 즉, 비어있지 않은 셀의 개수를 세어주기 때문에 이 문제에서는 COUNTA 함수를 사용해야 한다.

21 다음 워크시트에서 [A2] 셀 값을 소수점 첫째자리에서 반올림하여 [B2] 셀에 나타내도록 하고자 한다. [B2] 셀에 알맞은 함수식은?

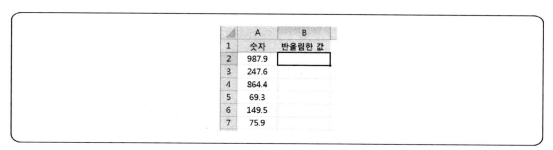

① ROUND(A2, −1)

② ROUND(A2, 0)

③ ROUNDDOWN(A2, 0)

④ ROUNDUP(A2, −1)

⑤ ROUND(A3, 0)

> (Tip) ROUND(number, num_digits)는 반올림하는 함수이며, ROUNDUP은 올림, ROUNDDOWN은 내림하는 함수이다. ROUND(number, num_digits)에서 number는 반올림하려는 숫자를 나타내며, num_digits는 반올림할 때 자릿수를 지정한다. 이 값이 0이면 소수점 첫째자리에서 반올림하고 −1이면 일의자리 수에서 반올림한다. 따라서 주어진 문제는 소수점 첫째자리에서 반올림하는 것이므로 ②가 답이 된다.

Answer → 18.① 19.③ 20.③ 21.②

┃22~23┃ 다음은 선택정렬에 관한 설명과 예시이다. 이를 보고 물음에 답하시오.

선택정렬(Selection sort)는 주어진 데이터 중 최솟값을 찾고 최솟값을 정렬되지 않은 데이터 중 맨 앞에 위치한 값과 교환한다. 교환은 두 개의 숫자가 서로 자리를 맞바꾸는 것을 말한다. 정렬된 데이터를 제외한 나머지 데이터를 같은 방법으로 교환하여 반복하면 정렬이 완료된다.

〈예시〉

68, 11, 3, 82, 7을 정렬하려고 한다.

• 1회전 (최솟값 3을 찾아 맨 앞에 위치한 68과 교환)

68	11	3	82	7

3	11	68	82	7

• 2회전 (정렬이 된 3을 제외한 데이터 중 최솟값 7을 찾아 11과 교환)

3	11	68	82	7

3	7	68	82	11

• 3회전 (정렬이 된 3, 7을 제외한 데이터 중 최솟값 11을 찾아 68과 교환)

3	7	68	82	11

3	7	11	82	68

• 4회전 (정렬이 된 3, 7, 11을 제외한 데이터 중 최솟값 68을 찾아 82와 교환)

3	7	11	82	68

3	7	11	68	82

---

22 다음 수를 선택정렬을 이용하여 오름차순으로 정렬하려고 한다. 2회전의 결과는?

> 5, 3, 8, 1, 2

① 1, 2, 8, 5, 3   ② 1, 2, 5, 3, 8

③ 1, 2, 3, 5, 8   ④ 1, 2, 3, 8, 5

⑤ 1, 2, 8, 3, 5

㉠ 1회전

5	3	8	1	2

1	3	8	5	2

㉡ 2회전

1	3	8	5	2

1	2	8	5	3

23 다음 수를 선택정렬을 이용하여 오름차순으로 정렬하려고 한다. 3회전의 결과는?

> 55, 11, 66, 77, 22

① 11, 22, 66, 55, 77   ② 11, 55, 66, 77, 22

③ 11, 22, 66, 77, 55   ④ 11, 22, 55, 77, 66

⑤ 11, 22, 55, 66, 77

㉠ 1회전

55	11	66	77	22

11	55	66	77	22

㉡ 2회전

11	55	66	77	22

11	22	66	77	55

㉢ 3회전

11	22	66	77	55

11	22	55	77	66

Answer → 22.① 23.④

│24~25│ 다음은 시스템 모니터링 중에 나타난 화면이다. 다음 화면에 나타나는 정보를 이해하고 시스템 상태를 파악하여 적절한 input code를 고르시오.

〈시스템 화면〉

System is checking........
Run.....

Error Found!
Index GTEMSHFCBA of file WODRTSUEAI

input code : _____

항목	세부사항
index '_' of file '_'	• 오류 문자 : Index 뒤에 나타나는 10개의 문자 • 오류 발생 위치 : File 뒤에 나타나는 10개의 문자
Error Value	오류 문자와 오류 발생 위치를 의미하는 문자에 사용된 알파벳을 비교하여 일치하는 알파벳의 개수를 확인(단, 알파벳의 위치와 순서는 고려하지 않으며 동일한 알파벳이 속해 있는지만 확인한다.)
input code	Error Value를 통하여 시스템 상태를 판단

판단 기준	시스템 상태	input code
일치하는 알파벳의 개수가 0개인 경우	안전	safe
일치하는 알파벳의 개수가 1~3개인 경우	경계	alert
일치하는 알파벳의 개수가 4~6개인 경우		vigilant
일치하는 알파벳의 개수가 7~9개인 경우	위험	danger
일치하는 알파벳의 개수가 10개인 경우	혼란	chaos

24

```
                        〈시스템 화면〉
System is checking........
Run.....


Error Found!
Index DRHIZGJUMY of file OPAULMBCEX


input code : _____
```

① safe   ② alert

③ vigilant   ④ danger

⑤ chaos

(Tip) 알파벳 중 U, M 2개가 일치하기 때문에 시스템 상태는 경계 수준이며, input code는 alert이다.

25

```
                        〈시스템 화면〉
System is checking........
Run.....


Error Found!
Index QWERTYUIOP of file POQWIUERTY


input code : _____
```

① safe   ② alert

③ vigilant   ④ danger

⑤ chaos

(Tip) 10개의 알파벳이 모두 일치하기 때문에 시스템 상태는 위험 수준이며, input code는 danger이다.

Answer ⤷ 24.② 25.④

PART III

면접

01 면접의 기본
02 면접기출

01 면접의 기본

1 **면접준비**

(1) 면접의 기본 원칙

① 면접의 의미 … 면접이란 다양한 면접기법을 활용하여 지원한 직무에 필요한 능력을 지원자가 보유하고 있는지를 확인하는 절차라고 할 수 있다. 즉, 지원자의 입장에서는 채용 직무수행에 필요한 요건들과 관련하여 자신의 환경, 경험, 관심사, 성취 등에 대해 기업에 직접 어필할 수 있는 기회를 제공받는 것이며, 기업의 입장에서는 서류전형만으로 알 수 없는 지원자에 대한 정보를 직접적으로 수집하고 평가하는 것이다.

② 면접의 특징 … 면접은 기업의 입장에서 서류전형이나 필기전형에서 드러나지 않는 지원자의 능력이나 성향을 볼 수 있는 기회로, 면대면으로 이루어지며 즉흥적인 질문들이 포함될 수 있기 때문에 지원자가 완벽하게 준비하기 어려운 부분이 있다. 하지만 지원자 입장에서도 서류전형이나 필기전형에서 모두 보여주지 못한 자신의 능력 등을 기업의 인사담당자에게 어필할 수 있는 추가적인 기회가 될 수도 있다.

[서류 · 필기전형과 차별화되는 면접의 특징]

> • 직무수행과 관련된 다양한 지원자 행동에 대한 관찰이 가능하다.
> • 면접관이 알고자 하는 정보를 심층적으로 파악할 수 있다.
> • 서류상의 미비한 사항과 의심스러운 부분을 확인할 수 있다.
> • 커뮤니케이션 능력, 대인관계 능력 등 행동 · 언어적 정보도 얻을 수 있다.

③ 면접의 유형

　㉠ 구조화 면접 : 구조화 면접은 사전에 계획을 세워 질문의 내용과 방법, 지원자의 답변 유형에 따른 추가 질문과 그에 대한 평가 역량이 정해져 있는 면접 방식으로 표준화 면접이라고도 한다.

　　• 표준화된 질문이나 평가요소가 면접 전 확정되며, 지원자는 편성된 조나 면접관에 영향을 받지 않고 동일한 질문과 시간을 부여받을 수 있다.

- 조직 또는 직무별로 주요하게 도출된 역량을 기반으로 평가요소가 구성되어, 조직 또는 직무에서 필요한 역량을 가진 지원자를 선발할 수 있다.
- 표준화된 형식을 사용하는 특성 때문에 비구조화 면접에 비해 신뢰성과 타당성, 객관성이 높다.

ⓒ 비구조화 면접 : 비구조화 면접은 면접 계획을 세울 때 면접 목적만을 명시하고 내용이나 방법은 면접관에게 전적으로 일임하는 방식으로 비표준화 면접이라고도 한다.
- 표준화된 질문이나 평가요소 없이 면접이 진행되며, 편성된 조나 면접관에 따라 지원자에게 주어지는 질문이나 시간이 다르다.
- 면접관의 주관적인 판단에 따라 평가가 이루어져 평가 오류가 빈번히 일어난다.
- 상황 대처나 언변이 뛰어난 지원자에게 유리한 면접이 될 수 있다.

④ 경쟁력 있는 면접 요령

㉠ 면접 전에 준비하고 유념할 사항
- 예상 질문과 답변을 미리 작성한다.
- 작성한 내용을 문장으로 외우지 않고 키워드로 기억한다.
- 지원한 회사의 최근 기사를 검색하여 기억한다.
- 지원한 회사가 속한 산업군의 최근 기사를 검색하여 기억한다.
- 면접 전 1주일간 이슈가 되는 뉴스를 기억하고 자신의 생각을 반영하여 정리한다.
- 찬반토론에 대비한 주제를 목록으로 정리하여 자신의 논리를 내세운 예상답변을 작성한다.

㉡ 면접장에서 유념할 사항
- 질문의 의도 파악 : 답변을 할 때에는 질문 의도를 파악하고 그에 충실한 답변이 될 수 있도록 질문사항을 유념해야 한다. 많은 지원자가 하는 실수 중 하나로 답변을 하는 도중 자기 말에 심취되어 질문의 의도와 다른 답변을 하거나 자신이 알고 있는 지식만을 나열하는 경우가 있는데, 이럴 경우 의사소통능력이 부족한 사람으로 인식될 수 있으므로 주의하도록 한다.
- 답변은 두괄식 : 답변을 할 때에는 두괄식으로 결론을 먼저 말하고 그 이유를 설명하는 것이 좋다. 미괄식으로 답변을 할 경우 용두사미의 답변이 될 가능성이 높으며, 결론을 이끌어 내는 과정에서 논리성이 결여될 우려가 있다. 또한 면접관이 결론을 듣기 전에 말을 끊고 다른 질문을 추가하는 예상치 못한 상황이 발생될 수 있으므로 답변은 자신이 전달하고자 하는 바를 먼저 밝히고 그에 대한 설명을 하는 것이 좋다.

- 지원한 회사의 기업정신과 인재상을 기억 : 답변을 할 때에는 회사가 원하는 인재라는 인상을 심어주기 위해 지원한 회사의 기업정신과 인재상 등을 염두에 두고 답변을 하는 것이 좋다. 모든 회사에 해당되는 두루뭉술한 답변보다는 지원한 회사에 맞는 맞춤형 답변을 하는 것이 좋다.
- 나보다는 회사와 사회적 관점에서 답변 : 답변을 할 때에는 자기중심적인 관점을 피하고 좀 더 넓은 시각으로 회사와 국가, 사회적 입장까지 고려하는 인재임을 어필하는 것이 좋다. 자기중심적 시각을 바탕으로 자신의 출세만을 위해 회사에 입사하려는 인상을 심어줄 경우 면접에서 불이익을 받을 가능성이 높다.
- 난처한 질문은 정직한 답변 : 난처한 질문에 답변을 해야 할 때에는 피하기보다는 정면 돌파로 정직하고 솔직하게 답변하는 것이 좋다. 난처한 부분을 감추고 드러내지 않으려 회피하려는 지원자의 모습은 인사담당자에게 입사 후에도 비슷한 상황에 처했을 때 회피할 수도 있다는 우려를 심어줄 수 있다. 따라서 직장생활에 있어 중요한 덕목 중 하나인 정직을 바탕으로 솔직하게 답변을 하도록 한다.

(2) 면접의 종류 및 준비 전략

① 인성면접

ㄱ 면접 방식 및 판단기준
- 면접 방식 : 인성면접은 면접관이 가지고 있는 개인적 면접 노하우나 관심사에 의해 질문을 실시한다. 주로 입사지원서나 자기소개서의 내용을 토대로 지원동기, 과거의 경험, 미래 포부 등을 이야기하도록 하는 방식이다.
- 판단기준 : 면접관의 개인적 가치관과 경험, 해당 역량의 수준, 경험의 구체성·진실성 등

ㄴ 특징 : 인성면접은 그 방식으로 인해 역량과 무관한 질문들이 많고 지원자에게 주어지는 면접질문, 시간 등이 다를 수 있다. 또한 입사지원서나 자기소개서의 내용을 토대로 하기 때문에 지원자별 질문이 달라질 수 있다.

ⓒ 예시 문항 및 준비전략

• 예시 문항

> • 3분 동안 자기소개를 해 보십시오.
> • 자신의 장점과 단점을 말해 보십시오.
> • 학점이 좋지 않은데 그 이유가 무엇입니까?
> • 최근에 인상 깊게 읽은 책은 무엇입니까?
> • 회사를 선택할 때 중요시하는 것은 무엇입니까?
> • 일과 개인생활 중 어느 쪽을 중시합니까?
> • 10년 후 자신은 어떤 모습일 것이라고 생각합니까?
> • 휴학 기간 동안에는 무엇을 했습니까?

• 준비전략 : 인성면접은 입사지원서나 자기소개서의 내용을 바탕으로 하는 경우가 많으므로 자신이 작성한 입사지원서와 자기소개서의 내용을 충분히 숙지하도록 한다. 또한 최근 사회적으로 이슈가 되고 있는 뉴스에 대한 견해를 묻거나 시사상식 등에 대한 질문을 받을 수 있으므로 이에 대한 대비도 필요하다. 자칫 부담스러워 보이지 않는 질문으로 가볍게 대답하지 않도록 주의하고 모든 질문에 입사 의지를 담아 성실하게 답변하는 것이 중요하다.

② 발표면접

ⓐ 면접 방식 및 판단기준

• 면접 방식 : 지원자가 특정 주제와 관련된 자료를 검토하고 그에 대한 자신의 생각을 면접관 앞에서 주어진 시간 동안 발표하고 추가 질의를 받는 방식으로 진행된다.

• 판단기준 : 지원자의 사고력, 논리력, 문제해결력 등

ⓑ 특징 : 발표면접은 지원자에게 과제를 부여한 후, 과제를 수행하는 과정과 결과를 관찰·평가한다. 따라서 과제수행 결과뿐 아니라 수행과정에서의 행동을 모두 평가할 수 있다.

ⓒ 예시 문항 및 준비전략

• 예시 문항

[신입사원 조기 이직 문제]

※ 지원자는 아래에 제시된 자료를 검토한 뒤, 신입사원 조기 이직의 원인을 크게 3가지로 정리하고 이에 대한 구체적인 개선안을 도출하여 발표해 주시기 바랍니다.

※ 본 과제에 정해진 정답은 없으나 논리적 근거를 들어 개선안을 작성해 주십시오.

• A기업은 동종업계 유사기업들과 비교해 볼 때, 비교적 높은 재무안정성을 유지하고 있으며 업무강도가 그리 높지 않은 것으로 외부에 알려져 있음.

• 최근 조사결과, 동종업계 유사기업들과 연봉을 비교해 보았을 때 연봉 수준도 그리 나쁘지 않은 편이라는 것이 확인되었음.

• 그러나 지난 3년간 1~2년차 직원들의 이직률이 계속해서 증가하고 있는 추세이며, 경영진 회의에서 최우선 해결과제 중 하나로 거론되었음.

• 이에 따라 인사팀에서 현재 1~2년차 사원들을 대상으로 개선되어야 하는 A기업의 조직문화에 대한 설문조사를 실시한 결과, '상명하복식의 의사소통'이 36.7%로 1위를 차지했음.

• 이러한 설문조사와 함께, 신입사원 조기 이직에 대한 원인을 분석한 결과 파랑새 증후군, 셀프홀릭 증후군, 피터팬 증후군 등 3가지로 분류할 수 있었음.

〈동종업계 유사기업들과의 연봉 비교〉

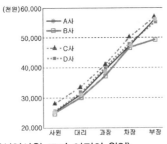

〈우리 회사 조직문화 중 개선되었으면 하는 것〉

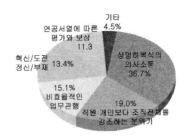

〈신입사원 조기 이직의 원인〉

• 파랑새 증후군
– 현재의 직장보다 더 좋은 직장이 있을 것이라는 막연한 기대감으로 끊임없이 새로운 직장을 탐색함.
– 학력 수준과 맞지 않는 '하향지원', 전공과 적성을 고려하지 않고 일단 취업하고 보자는 '묻지마 지원'이 파랑새 증후군을 초래함.

• 셀프홀릭 증후군
– 본인의 역량에 비해 가치가 낮은 일을 주로 하면서 갈등을 느낌.

• 피터팬 증후군
– 기성세대의 문화를 무조건 수용하기보다는 자유로움과 변화를 추구함.
– 상명하복, 엄격한 규율 등 기성세대가 당연시하는 관행에 거부감을 가지며 직장에 답답함을 느낌.

• 준비전략 : 발표면접의 시작은 과제 안내문과 과제 상황, 과제 자료 등을 정확하게 이해하는 것에서 출발한다. 과제 안내문을 침착하게 읽고 제시된 주제 및 문제와 관련된 상황의 맥락을 파악한 후 과제를 검토한다. 제시된 기사나 그래프 등을 충분히 활용하여 주어진 문제를 해결할 수 있는 해결책이나 대안을 제시하며, 발표를 할 때에는 명확하고 자신 있는 태도로 전달할 수 있도록 한다.

③ 토론면접

㉠ 면접 방식 및 판단기준

• 면접 방식 : 상호갈등적 요소를 가진 과제 또는 공통의 과제를 해결하는 내용의 토론 과제를 제시하고, 그 과정에서 개인 간의 상호작용 행동을 관찰하는 방식으로 면접이 진행된다.

• 판단기준 : 팀워크, 적극성, 갈등 조정, 의사소통능력, 문제해결능력 등

㉡ 특징 : 토론을 통해 도출해 낸 최종안의 타당성도 중요하지만, 결론을 도출해 내는 과정에서의 의사소통능력이나 갈등상황에서 의견을 조정하는 능력 등이 중요하게 평가되는 특징이 있다.

㉢ 예시 문항 및 준비전략

• 예시 문항

> • 군 가산점제 부활에 대한 찬반토론
> • 담뱃값 인상에 대한 찬반토론
> • 비정규직 철폐에 대한 찬반토론
> • 대학의 영어 강의 확대 찬반토론
> • 워크숍 장소 선정을 위한 토론

• 준비전략 : 토론면접은 무엇보다 팀워크와 적극성이 강조된다. 따라서 토론과정에 적극적으로 참여하며 자신의 의사를 분명하게 전달하며, 갈등상황에서 자신의 의견만 내세울 것이 아니라 다른 지원자의 의견을 경청하고 배려하는 모습도 중요하다. 갈등상황을 일목요연하게 정리하여 조정하는 등의 의사소통능력을 발휘하는 것도 좋은 전략이 될 수 있다.

④ 상황면접

㉠ 면접 방식 및 판단기준

• 면접 방식 : 상황면접은 직무 수행 시 접할 수 있는 상황들을 제시하고, 그러한 상황에서 어떻게 행동할 것인지를 이야기하는 방식으로 진행된다.

• 판단기준 : 해당 상황에 적절한 역량의 구현과 구체적 행동지표

ⓛ 특징 : 실제 직무 수행 시 접할 수 있는 상황들을 제시하므로 입사 이후 지원자의 업무수행능력을 평가하는 데 적절한 면접 방식이다. 또한 지원자의 가치관, 태도, 사고방식 등의 요소를 통합적으로 평가하는 데 용이하다.

ⓒ 예시 문항 및 준비전략

• 예시 문항

> 당신은 생산관리팀의 팀원으로, 생산팀이 기한에 맞춰 효율적으로 제품을 생산할 수 있도록 관리하는 역할을 맡고 있습니다. 3개월 뒤에 제품A를 정상적으로 출시하기 위해 생산팀의 생산 계획을 수립한 상황입니다. 그러나 원가가 곧 실적으로 이어지는 구매팀에서는 최대한 원가를 줄여 전반적 단가를 낮추려고 원가절감을 위한 제안을 하였으나, 연구개발팀에서는 구매팀이 제안한 방식으로 제품을 생산할 경우 대부분이 구매팀의 실적으로 산정될 것이므로 제대로 확인도 해보지 않은 채 적합하지 않은 방식이라고 판단하고 있습니다. 당신은 어떻게 하겠습니까?

• 준비전략 : 상황면접은 먼저 주어진 상황에서 핵심이 되는 문제가 무엇인지를 파악하는 것에서 시작한다. 주질문과 세부질문을 통하여 질문의 의도를 파악하였다면, 그에 대한 구체적인 행동이나 생각 등에 대해 응답할수록 높은 점수를 얻을 수 있다.

⑤ 역할면접

㉠ 면접 방식 및 판단기준

• 면접 방식 : 역할면접 또는 역할연기 면접은 기업 내 발생 가능한 상황에서 부딪히게 되는 문제와 역할을 가상적으로 설정하여 특정 역할을 맡은 사람과 상호작용하고 문제를 해결해 나가도록 하는 방식으로 진행된다. 역할연기 면접에서는 면접관이 직접 역할연기를 하면서 지원자를 관찰하기도 하지만, 역할연기 수행만 전문적으로 하는 사람을 투입할 수도 있다.

• 판단기준 : 대처능력, 대인관계능력, 의사소통능력 등

ⓛ 특징 : 역할면접은 실제 상황과 유사한 가상 상황에서의 행동을 관찰함으로서 지원자의 성격이나 대처 행동 등을 관찰할 수 있다.

ⓒ 예시 문항 및 준비전략

• 예시 문항

> [금융권 역할면접의 예]
> 당신은 ○○은행의 신입 텔러이다. 사람이 많은 월말 오전 한 할아버지(면접관 또는 역할담당자)께서 ○○은행을 사칭한 보이스피싱으로 500만 원을 피해 보았다며 소란을 일으키고 있다. 실제 업무상황이라고 생각하고 상황에 대처해 보시오.

- 준비전략 : 역할연기 면접에서 측정하는 역량은 주로 갈등의 원인이 되는 문제를 해결 하고 제시된 해결방안을 상대방에게 설득하는 것이다. 따라서 갈등해결, 문제해결, 조정·통합, 설득력과 같은 역량이 중요시된다. 또한 갈등을 해결하기 위해서 상대방에 대한 이해도 필수적인 요소이므로 고객 지향을 염두에 두고 상황에 맞게 대처해야 한다.

  역할면접에서는 변별력을 높이기 위해 면접관이 압박적인 분위기를 조성하는 경우가 많기 때문에 스트레스 상황에서 불안해하지 않고 유연하게 대처할 수 있도록 시간과 노력을 들여 충분히 연습하는 것이 좋다.

2 면접 이미지 메이킹

(1) 성공적인 이미지 메이킹 포인트

① 복장 및 스타일

ⓐ 남성

- 양복 : 양복은 단색으로 하며 넥타이나 셔츠로 포인트를 주는 것이 효과적이다. 짙은 회색이나 감청색이 가장 단정하고 품위 있는 인상을 준다.
- 셔츠 : 흰색이 가장 선호되나 자신의 피부색에 맞추는 것이 좋다. 푸른색이나 베이지색은 산뜻한 느낌을 줄 수 있다. 양복과의 배색도 고려하도록 한다.
- 넥타이 : 의상에 포인트를 줄 수 있는 아이템이지만 너무 화려한 것은 피한다. 지원자의 피부색은 물론, 정장과 셔츠의 색을 고려하며, 체격에 따라 넥타이 폭을 조절하는 것이 좋다.
- 구두 & 양말 : 구두는 검정색이나 짙은 갈색이 어느 양복에나 무난하게 어울리며 깔끔하게 닦아 준비한다. 양말은 정장과 동일한 색상이나 검정색을 착용한다.
- 헤어스타일 : 머리스타일은 단정한 느낌을 주는 짧은 헤어스타일이 좋으며 앞머리가 있다면 이마나 눈썹을 가리지 않는 선에서 정리하는 것이 좋다.

ⓛ 여성

- 의상 : 단정한 스커트 투피스 정장이나 슬랙스 슈트가 무난하다. 블랙이나 그레이, 네이비, 브라운 등 차분해 보이는 색상을 선택하는 것이 좋다.
- 소품 : 구두, 핸드백 등은 같은 계열로 코디하는 것이 좋으며 구두는 너무 화려한 디자인이나 굽이 높은 것을 피한다. 스타킹은 의상과 구두에 맞춰 단정한 것으로 선택한다.
- 액세서리 : 액세서리는 너무 크거나 화려한 것은 좋지 않으며 과하게 많이 하는 것도 좋은 인상을 주지 못한다. 착용하지 않거나 작고 깔끔한 디자인으로 포인트를 주는 정도가 적당하다.
- 메이크업 : 화장은 자연스럽고 밝은 이미지를 표현하는 것이 좋으며 진한 색조는 인상이 강해 보일 수 있으므로 피한다.
- 헤어스타일 : 커트나 단발처럼 짧은 머리는 활동적이면서도 단정한 이미지를 줄 수 있도록 정리한다. 긴 머리의 경우 하나로 묶거나 단정한 머리망으로 정리하는 것이 좋으며, 짙은 염색이나 화려한 웨이브는 피한다.

② 인사

ⓞ 인사의 의미 : 인사는 예의범절의 기본이며 상대방의 마음을 여는 기본적인 행동이라고 할 수 있다. 인사는 처음 만나는 면접관에게 호감을 살 수 있는 가장 쉬운 방법이 될 수 있기도 하지만 제대로 예의를 지키지 않으면 지원자의 인성 전반에 대한 평가로 이어질 수 있으므로 각별히 주의해야 한다.

ⓛ 인사의 핵심 포인트

- 인사말 : 인사말을 할 때에는 밝고 친근감 있는 목소리로 하며, 자신의 이름과 수험번호 등을 간략하게 소개한다.
- 시선 : 인사는 상대방의 눈을 보며 하는 것이 중요하며 너무 빤히 쳐다본다는 느낌이 들지 않도록 주의한다.
- 표정 : 인사는 마음에서 우러나오는 존경이나 반가움을 표현하고 예의를 차리는 것이므로 살짝 미소를 지으며 하는 것이 좋다.
- 자세 : 인사를 할 때에는 가볍게 목만 숙인다거나 흐트러진 상태에서 인사를 하지 않도록 주의하며 절도 있고 확실하게 하는 것이 좋다.

③ 시선처리와 표정, 목소리

　㉠ 시선처리와 표정 : 표정은 면접에서 지원자의 첫인상을 결정하는 중요한 요소이다. 얼굴표정은 사람의 감정을 가장 잘 표현할 수 있는 의사소통 도구로 표정 하나로 상대방에게 호감을 주거나, 비호감을 사기도 한다. 호감이 가는 인상의 특징은 부드러운 눈썹, 자연스러운 미간, 적당히 볼록한 광대, 올라간 입 꼬리 등으로 가볍게 미소를 지을 때의 표정과 일치한다. 따라서 면접 중에는 밝은 표정으로 미소를 지어 호감을 형성할 수 있도록 한다. 시선은 면접관과 고르게 맞추되 생기 있는 눈빛을 띄도록 하며, 너무 빤히 쳐다본다는 인상을 주지 않도록 한다.

　㉡ 목소리 : 면접은 주로 면접관과 지원자의 대화로 이루어지므로 목소리가 미치는 영향이 상당하다. 답변을 할 때에는 부드러우면서도 활기차고 생동감 있는 목소리로 하는 것이 면접관에게 호감을 줄 수 있으며 적당한 제스처가 더해진다면 상승효과를 얻을 수 있다. 그러나 적절한 답변을 하였음에도 불구하고 콧소리나 날카로운 목소리, 자신감 없는 작은 목소리는 답변의 신뢰성을 떨어뜨릴 수 있으므로 주의하도록 한다.

④ 자세

　㉠ 걷는 자세
- 면접장에 입실할 때에는 상체를 곧게 유지하고 발끝은 평행이 되게 하며 무릎을 스치듯 11자로 걷는다.
- 시선은 정면을 향하고 턱은 가볍게 당기며 어깨나 엉덩이가 흔들리지 않도록 주의한다.
- 발바닥 전체가 닿는 느낌으로 안정감 있게 걸으며 발소리가 나지 않도록 주의한다.
- 보폭은 어깨넓이만큼이 적당하지만, 스커트를 착용했을 경우 보폭을 줄인다.
- 걸을 때도 미소를 유지한다.

　㉡ 서있는 자세
- 몸 전체를 곧게 펴고 가슴을 자연스럽게 내민 후 등과 어깨에 힘을 주지 않는다.
- 정면을 바라본 상태에서 턱을 약간 당기고 아랫배에 힘을 주어 당기며 바르게 선다.
- 양 무릎과 발뒤꿈치는 붙이고 발끝은 11자 또는 V형을 취한다.
- 남성의 경우 팔을 자연스럽게 내리고 양손을 가볍게 쥐어 바지 옆선에 붙이고, 여성의 경우 공수자세를 유지한다.

ⓒ 앉은 자세

• 남성

> • 의자 깊숙이 앉고 등받이와 등 사이에 주먹 1개 정도의 간격을 두며 기대듯 앉지 않도록 주의한다.
>   (남녀 공통 사항)
> • 무릎 사이에 주먹 2개 정도의 간격을 유지하고 발끝은 11자를 취한다.
> • 시선은 정면을 바라보며 턱은 가볍게 당기고 미소를 짓는다. (남녀 공통 사항)
> • 양손은 가볍게 주먹을 쥐고 무릎 위에 올려놓는다.
> • 앉고 일어날 때에는 자세가 흐트러지지 않도록 주의한다. (남녀 공통 사항)

• 여성

> • 스커트를 입었을 경우 왼손으로 뒤쪽 스커트 자락을 누르고 오른손으로 앞쪽 자락을 누르며 의자에 앉는다.
> • 무릎은 붙이고 발끝을 가지런히 하며, 다리를 왼쪽으로 비스듬히 기울이면 단정해 보이는 효과가 있다.
> • 양손을 모아 무릎 위에 모아 놓으며 스커트를 입었을 경우 스커트 위를 가볍게 누르듯이 올려놓는다.

(2) 면접 예절

① 행동 관련 예절

ⓐ 지각은 절대금물 : 시간을 지키는 것은 예절의 기본이다. 지각을 할 경우 면접에 응시할 수 없거나, 면접 기회가 주어지더라도 불이익을 받을 가능성이 높아진다. 따라서 면접장소가 결정되면 교통편과 소요시간을 확인하고 가능하다면 사전에 미리 방문해 보는 것도 좋다. 면접 당일에는 서둘러 출발하여 면접 시간 20~30분 전에 도착하여 회사를 둘러보고 환경에 익숙해지는 것도 성공적인 면접을 위한 요령이 될 수 있다.

ⓑ 면접 대기 시간 : 지원자들은 대부분 면접장에서의 행동과 답변 등으로만 평가를 받는다고 생각하지만 그렇지 않다. 면접관이 아닌 면접진행자 역시 대부분 인사실무자이며 면접관이 면접 후 지원자에 대한 평가에 있어 확신을 위해 면접진행자의 의견을 구한다면 면접진행자의 의견이 당락에 영향을 줄 수 있다. 따라서 면접 대기 시간에도 행동과 말을 조심해야 하며, 면접을 마치고 돌아가는 순간까지도 긴장을 늦춰서는 안 된다. 면접 중 압박적인 질문에 답변을 잘 했지만, 면접장을 나와 흐트러진 모습을 보이거나 욕설을 한다면 면접 탈락의 요인이 될 수 있으므로 주의해야 한다.

ⓒ 입실 후 태도 : 본인의 차례가 되어 호명되면 또렷하게 대답하고 들어간다. 만약 면접장 문이 닫혀
있다면 상대에게 소리가 들릴 수 있을 정도로 노크를 두세 번 한 후 대답을 듣고 나서 들어가야
한다. 문을 여닫을 때에는 소리가 나지 않게 조용히 하며 공손한 자세로 인사한 후 성명과 수험번
호를 말하고 면접관의 지시에 따라 자리에 앉는다. 이 경우 착석하라는 말이 없는데 먼저 의자에
앉으면 무례한 사람으로 보일 수 있으므로 주의한다. 의자에 앉을 때에는 끝에 앉지 말고 무릎 위
에 양손을 가지런히 얹는 것이 예절이라고 할 수 있다.

ⓔ 옷매무새를 자주 고치지 마라. : 일부 지원자의 경우 옷매무새 또는 헤어스타일을 자주 고치거나 확
인하기도 하는데 이러한 모습은 과도하게 긴장한 것 같아 보이거나 면접에 집중하지 못하는 것으
로 보일 수 있다. 남성 지원자의 경우 넥타이를 자꾸 고쳐 맨다거나 정장 상의 끝을 너무 자주 만
지작거리지 않는다. 여성 지원자는 머리를 계속 쓸어 올리지 않고, 특히 짧은 치마를 입고서 신경
이 쓰여 치마를 끌어 내리는 행동은 좋지 않다.

ⓜ 다리를 떨거나 산만한 시선은 면접 탈락의 지름길 : 자신도 모르게 다리를 떨거나 손가락을 만지는
등의 행동을 하는 지원자가 있는데, 이는 면접관의 주의를 끌 뿐만 아니라 불안하고 산만한 사람
이라는 느낌을 주게 된다. 따라서 가능한 한 바른 자세로 앉아 있는 것이 좋다. 또한 면접관과 시
선을 맞추지 못하고 여기저기 둘러보는 듯한 산만한 시선은 지원자가 거짓말을 하고 있다고 여겨
지거나 신뢰할 수 없는 사람이라고 생각될 수 있다.

② 답변 관련 예절

ⓞ 면접관이나 다른 지원자와 가치 논쟁을 하지 않는다. : 질문을 받고 답변하는 과정에서 면접관 또는
다른 지원자의 의견과 다른 의견이 있을 수 있다. 특히 평소 지원자가 관심이 많은 문제이거나 잘
알고 있는 문제인 경우 자신과 다른 의견에 대해 이의가 있을 수 있다. 하지만 주의할 것은 면접
에서 면접관이나 다른 지원자와 가치 논쟁을 할 필요는 없다는 것이며 오히려 불이익을 당할 수
도 있다. 정답이 정해져 있지 않은 경우에는 가치관이나 성장배경에 따라 문제를 받아들이는 태도
에서 답변까지 충분히 차이가 있을 수 있으므로 굳이 면접관이나 다른 지원자의 가치관을 지적하
고 고치려 드는 것은 좋지 않다.

ⓛ 답변은 항상 정직해야 한다. : 면접이라는 것이 아무리 지원자의 장점을 부각시키고 단점을 축소시키는 것이라고 해도 절대로 거짓말을 해서는 안 된다. 거짓말을 하게 되면 지원자는 불안하거나 꺼림칙한 마음이 들게 되어 면접에 집중을 하지 못하게 되고 수많은 지원자를 상대하는 면접관은 그것을 놓치지 않는다. 거짓말은 그 지원자에 대한 신뢰성을 떨어뜨리며 이로 인해 다른 스펙이 아무리 훌륭하다고 해도 채용에서 탈락하게 될 수 있음을 명심하도록 한다.

ⓒ 경력직을 경우 전 직장에 대해 험담하지 않는다. : 지원자가 전 직장에서 무슨 업무를 담당했고 어떤 성과를 올렸는지는 면접관이 관심을 둘 사항일 수 있지만, 이전 직장의 기업문화나 상사들이 어땠는지는 그다지 궁금해 하는 사항이 아니다. 전 직장에 대해 험담을 늘어놓는다든가, 동료와 상사에 대한 악담을 하게 된다면 오히려 지원자에 대한 부정적인 이미지만 심어줄 수 있다. 만약 전 직장에 대한 말을 해야 할 경우가 생긴다면 가능한 한 객관적으로 이야기하는 것이 좋다.

ⓓ 자기 자신이나 배경에 대해 자랑하지 않는다. : 자신의 성취나 부모 형제 등 집안사람들이 사회ㆍ경제적으로 어떠한 위치에 있는지에 대한 자랑은 면접관으로 하여금 지원자에 대해 오만한 사람이거나 배경에 의존하려는 나약한 사람이라는 이미지를 갖게 할 수 있다. 따라서 자기 자신이나 배경에 대해 자랑하지 않도록 하고, 자신이 한 일에 대해서 너무 자세하게 얘기하지 않도록 주의해야 한다.

3 면접 질문 및 답변 포인트

(1) 가족 및 대인관계에 관한 질문

① 당신의 가정은 어떤 가정입니까?

면접관들은 지원자의 가정환경과 성장과정을 통해 지원자의 성향을 알고 싶어 이와 같은 질문을 한다. 비록 가정 일과 사회의 일이 완전히 일치하는 것은 아니지만 '가화만사성'이라는 말이 있듯이 가정이 화목해야 사회에서도 화목하게 지낼 수 있기 때문이다. 그러므로 답변 시에는 가족사항을 정확하게 설명하고 집안의 분위기와 특징에 대해 이야기하는 것이 좋다.

② 친구 관계에 대해 말해 보십시오.

지원자의 인간성을 판단하는 질문으로 교우관계를 통해 답변자의 성격과 대인관계능력을 파악할 수 있다. 새로운 환경에 적응을 잘하여 새로운 친구들이 많은 것도 좋지만, 깊고 오래 지속되어온 인간관계를 말하는 것이 더욱 바람직하다.

(2) 성격 및 가치관에 관한 질문

① 당신의 PR포인트를 말해 주십시오.

PR포인트를 말할 때에는 지나치게 겸손한 태도는 좋지 않으며 적극적으로 자기를 주장하는 것이 좋다. 앞으로 입사 후 하게 될 업무와 관련된 자기의 특성을 구체적인 일화를 더하여 이야기하도록 한다.

② 당신의 장·단점을 말해 보십시오.

지원자의 구체적인 장·단점을 알고자 하기 보다는 지원자가 자기 자신에 대해 얼마나 알고 있으며 어느 정도의 객관적인 분석을 하고 있나, 그리고 개선의 노력 등을 시도하는지를 파악하고자 하는 것이다. 따라서 장점을 말할 때는 업무와 관련된 장점을 뒷받침할 수 있는 근거와 함께 제시하며, 단점을 이야기할 때에는 극복을 위한 노력을 반드시 포함해야 한다.

③ 가장 존경하는 사람은 누구입니까?

존경하는 사람을 말하기 위해서는 우선 그 인물에 대해 알아야 한다. 잘 모르는 인물에 대해 존경한다고 말하는 것은 면접관에게 바로 지적당할 수 있으므로, 추상적이라도 좋으니 평소에 존경스럽다고 생각했던 사람에 대해 그 사람의 어떤 점이 좋고 존경스러운지 대답하도록 한다. 또한 자신에게 어떤 영향을 미쳤는지도 언급하면 좋다.

(3) 학교생활에 관한 질문

① 지금까지의 학교생활 중 가장 기억에 남는 일은 무엇입니까?

가급적 직장생활에 도움이 되는 경험을 이야기하는 것이 좋다. 또한 경험만을 간단하게 말하지 말고 그 경험을 통해서 얻을 수 있었던 교훈 등을 예시와 함께 이야기하는 것이 좋으나 너무 상투적인 답변이 되지 않도록 주의해야 한다.

② 성적은 좋은 편이었습니까?

면접관은 이미 서류심사를 통해 지원자의 성적을 알고 있다. 그럼에도 불구하고 이 질문을 하는 것은 지원자가 성적에 대해서 어떻게 인식하느냐를 알고자 하는 것이다. 성적이 나빴던 이유에 대해서 변명하려 하지 말고 담백하게 받아드리고 그것에 대한 개선노력을 했음을 밝히는 것이 적절하다.

③ 학창시절에 시위나 집회 등에 참여한 경험이 있습니까?

기업에서는 노사분규를 기업의 사활이 걸린 중대한 문제로 인식하고 거시적인 차원에서 접근한다. 이러한 기업문화를 제대로 인식하지 못하여 학창시절의 시위나 집회 참여 경험을 자랑스럽게 답변할 경우 감점요인이 되거나 심지어는 탈락할 수 있다는 사실에 주의한다. 시위나 집회에 참가한 경험을 말할 때에는 타당성과 정도에 유의하여 답변해야 한다.

(4) 지원동기 및 직업의식에 관한 질문

① **왜 우리 회사를 지원했습니까?**

이 질문은 어느 회사나 가장 먼저 물어보고 싶은 것으로 지원자들은 기업의 이념, 대표의 경영능력, 재무구조, 복리후생 등 외적인 부분을 설명하는 경우가 많다. 이러한 답변도 적절하지만 지원 회사의 주력 상품에 관한 소비자의 인지도, 경쟁사 제품과의 시장점유율을 비교하면서 입사동기를 설명한다면 상당히 주목 받을 수 있을 것이다.

② **만약 이번 채용에 불합격하면 어떻게 하겠습니까?**

불합격할 것을 가정하고 회사에 응시하는 지원자는 거의 없을 것이다. 이는 지원자를 궁지로 몰아넣고 어떻게 대응하는지를 살펴보며 입사 의지를 알아보려고 하는 것이다. 이 질문은 너무 깊이 들어가지 말고 침착하게 답변하는 것이 좋다.

③ **당신이 생각하는 바람직한 사원상은 무엇입니까?**

직장인으로서 또는 조직의 일원으로서의 자세를 묻는 질문으로 지원하는 회사에서 어떤 인재상을 요구하는 가를 알아두는 것이 좋으며, 평소에 자신의 생각을 미리 정리해 두어 당황하지 않도록 한다.

④ **직무상의 적성과 보수의 많음 중 어느 것을 택하겠습니까?**

이런 질문에서 회사 측에서 원하는 답변은 당연히 직무상의 적성에 비중을 둔다는 것이다. 그러나 적성만을 너무 강조하다 보면 오히려 솔직하지 못하다는 인상을 줄 수 있으므로 어느 한 쪽을 너무 강조하거나 경시하는 태도는 바람직하지 못하다.

⑤ **상사와 의견이 다를 때 어떻게 하겠습니까?**

과거와 다르게 최근에는 상사의 명령에 무조건 따르겠다는 수동적인 자세는 바람직하지 않다. 회사에서는 때에 따라 자신이 판단하고 행동할 수 있는 직원을 원하기 때문이다. 그러나 지나치게 자신의 의견만을 고집한다면 이는 팀원 간의 불화를 야기할 수 있으며 팀 체제에 악영향을 미칠 수 있으므로 선호하지 않는다는 것에 유념하여 답해야 한다.

⑥ **근무지가 지방인데 근무가 가능합니까?**

근무지가 지방 중에서도 특정 지역은 되고 다른 지역은 안 된다는 답변은 바람직하지 않다. 직장에서는 순환 근무라는 것이 있으므로 처음에 지방에서 근무를 시작했다고 해서 계속 지방에만 있는 것은 아님을 유의하고 답변하도록 한다.

(5) 여가 활용에 관한 질문 – 취미가 무엇입니까?

기초적인 질문이지만 특별한 취미가 없는 지원자의 경우 대답이 애매할 수밖에 없다. 그래서 가장 많이 대답하게 되는 것이 독서, 영화감상, 혹은 음악감상 등과 같은 흔한 취미를 말하게 되는데 이런 취미는 면접관의 주의를 끌기 어려우며 설사 정말 위와 같은 취미를 가지고 있다하더라도 제대로 답변하기는 힘든 것이 사실이다. 가능하면 독특한 취미를 말하는 것이 좋으며 이제 막 시작한 것이라도 열의를 가지고 있음을 설명할 수 있으면 그것을 취미로 답변하는 것도 좋다.

(6) 지원자를 당황하게 하는 질문

① 성적이 좋지 않은데 이 정도의 성적으로 우리 회사에 입사할 수 있다고 생각합니까?

비록 자신의 성적이 좋지 않더라도 이미 서류심사에 통과하여 면접에 참여하였다면 기업에서는 지원자의 성적보다 성적 이외의 요소, 즉 성격·열정 등을 높이 평가했다는 것이라고 할 수 있다. 그러나 이런 질문을 받게 되면 지원자는 당황할 수 있으나 주눅 들지 말고 침착하게 대처하는 면모를 보인다면 더 좋은 인상을 남길 수 있다.

② 우리 회사 회장님 함자를 알고 있습니까?

회장이나 사장의 이름을 조사하는 것은 면접일을 통고받았을 때 이미 사전 조사되었어야 하는 사항이다. 단답형으로 이름만 말하기보다는 그 기업에 입사를 희망하는 지원자의 입장에서 답변하는 것이 좋다.

③ 당신은 이 회사에 적합하지 않은 것 같군요.

이 질문은 지원자의 입장에서 상당히 곤혹스러울 수밖에 없다. 질문을 듣는 순간 그렇다면 면접은 왜 참가시킨 것인가 하는 생각이 들 수도 있다. 하지만 당황하거나 흥분하지 말고 침착하게 자신의 어떤 면이 회사에 적당하지 않은지 겸손하게 물어보고 지적당한 부분에 대해서 고치겠다는 의지를 보인다면 오히려 자신의 능력을 어필할 수 있는 기회로 사용할 수도 있다.

④ 다시 공부할 계획이 있습니까?

이 질문은 지원자가 합격하여 직장을 다니다가 공부를 더 하기 위해 회사를 그만 두거나 학습에 더 관심을 두어 일에 대한 능률이 저하될 것을 우려하여 묻는 것이다. 이때에는 당연히 학습보다는 일을 강조해야 하며, 업무 수행에 필요한 학습이라면 업무에 지장이 없는 범위에서 야간학교를 다니거나 회사에서 제공하는 연수 프로그램 등을 활용하겠다고 답변하는 것이 적당하다.

⑤ 지원한 분야가 전공한 분야와 다른데 여기 일을 할 수 있겠습니까?

수험생의 입장에서 본다면 지원한 분야와 전공이 다르지만 서류전형과 필기전형에 합격하여 면접을 보게 된 경우라고 할 수 있다. 이는 결국 해당 회사의 채용 방침상 전공에 크게 영향을 받지 않는다는 것이므로 무엇보다 자신이 전공하지는 않았지만 어떤 업무도 적극적으로 임할 수 있다는 자신감과 능동적인 자세를 보여주도록 노력하는 것이 좋다.

02 면접기출

※ 대한적십자사 면접기출

대한적십자사의 면접은 1차 면접인 토론면접과 2차 면접인 최종면접(역량+인성면접)으로 이루어지면 1, 2차 면접 모두 多 대 多 면접방식으로 진행된다.

• 지원한 동기를 중심으로 1분간 자기소개를 해 보시오.

• 적십자사에 대해 아는 대로 말해 보시오.

• 적십자사의 빨간 깃발이 상징하는 의미에 대해 설명하시오.

• 적십자사에 지원하게 된 동기에 대해 말해 보시오.

• SNS의 순기능과 역기능에 대해 말해 보시오.

• 자신의 장·단점에 대해 말해 보시오.

• 적십자사에서 실시하는 안전보건교육을 아는가?

• 혈액골수사업이 무엇인지 설명해보시오.

• 적십자회비가 얼마인지 아는가?

• 적십자회비로 북한을 지원하는 것에 대해 어떻게 생각하는가?

• 동료나 상사와의 관계에서 문제가 생기면 어떻게 대처하는 것이 현명한가?

• 앞으로 적십자사가 나아가야할 방향에 대해 이야기해 보시오.

• 현재 적십자사의 문제점과 개선방안에 대해 이야기해 보시오.

• 적십자 운동의 정신이 무엇이며, 한국인들에게는 어떻게 인식이 되고 있는가?

• (이직자에게) 이전 직장에서의 경험이 적십자사에서 일하는 데 어떤 도움이 될 수 있겠는가?

• 직장생활에서 중요한 것 세 가지를 말해 보시오.

- 봉사활동을 많이 했는데 특별히 기억에 남는 봉사활동과 자신이 얻은 것에 대해 이야기해 보시오.

- 북한의 인권문제에 대한 자신의 견해를 말해 보시오.

- 적십자사의 대북지원에 대한 생각을 말해 보시오.

- 외국인 노동자에 대해 적십자사에서 해야 할 일이 있다면 말해 보시오.

- 헌혈을 한 적이 있는가? 있다면 시작하게 된 계기에 대해 말해 보시오.

- 인생의 멘토나 존경하는 사람이 있는가? 있다면 그 사람을 존경하게 된 이유를 말해 보시오.

- 야구장이라고 생각하고 적십자를 홍보해 보시오.

- 적십자가 없어진다면 어떤 일이 생길지에 대해 말해 보시오.

- 다른 복지 사업과 비교했을 때 적십자 사업이 가지는 차별성은 무엇이라고 생각하는가?

- 자기소개서에 적지 않은 업무강점은 무엇이 있는가? 업무에서 무엇을 잘할 수 있는가?

- 적십자에 입사하게 된다면 하고 싶은 프로젝트는 무엇인가?

- 최근 정부가 복지 사업을 늘리고 있는데 현 상황에서 적십자가 잘할 수 있는 것은 무엇인가?

- 예산을 줄이고자 한다면, 어느 사업에서 줄였으면 좋겠는가?

- 대한적십자사에서 직업윤리가 왜 중요한지 본인의 가치관을 중심으로 설명 하시오.

- 대한적십자사의 가치 중 가장 중요한 것과 본인을 연결 지어 설명하시오.

- 대한적십자사의 사업 분야 중 취약한 분야와 그 이유에 대해 말해 보시오.

- 양극화 시대를 해결할 방안과 이 때 적십자사의 역할은 무엇인지에 대해 말해 보시오.

- 적십자사가 처해 있는 위기와 그 해결방안에 대해 말해 보시오.

서원각과 함께

꿈의 날개를 펴라

기업체 시리즈

한국서부발전

한국농수산식품유통공사

한국전력공사

국민체육진흥공단